パリの飛行場で彼女を迎える「I・ベタンクール委員会世界連盟」会長。連盟シンボルの黄色いTシャツにはサイト・アドレス。右は母親ヨランダ，左は姉アストリッド。(2008.7.4)

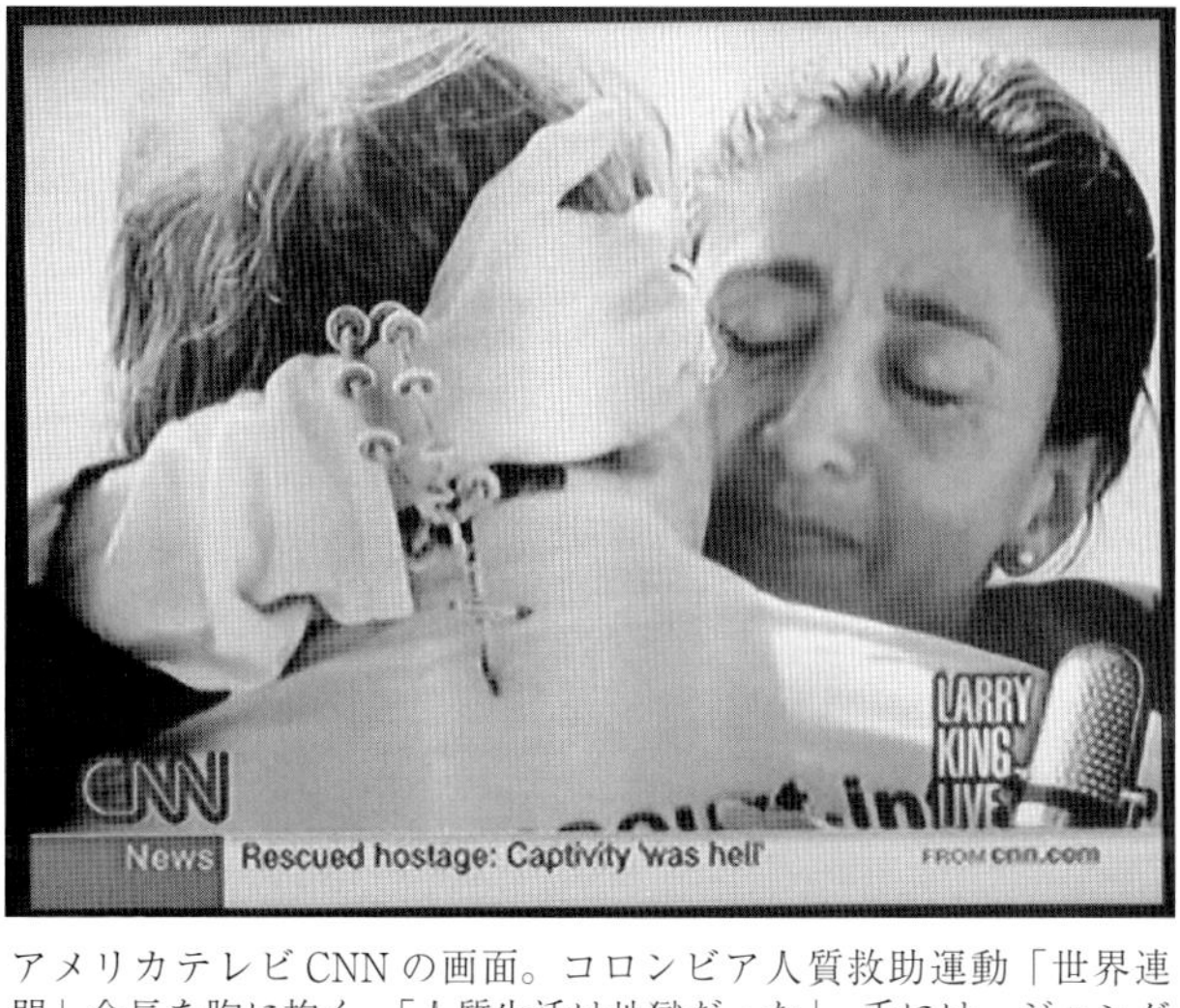

アメリカテレビCNNの画面。コロンビア人質救助運動「世界連盟」会長を胸に抱く。「人質生活は地獄だった」。手には，ジャングルで，ボタンを用いて作ったロザリオ。(2008.7)

ジャングルの中。この写真で４年ぶりに，彼女が生きていることが確認された。右手にロザリオ。ここで『ママンへの手紙』が書かれた。(2007.10.24)

『ママンへの手紙』は朝から午後まで，７時間かけて書かれた。トラブルを避けるためスペイン語で，書き損じはほとんど見られない。

解放後，彼女はニューヨークの国連本部やベルギー国会に招かれて講演したが，これはブリュッセルのヨーロッパ議会での講演（本書参照）。(2008.10.8)

ボゴタのカラコル・ラジオ，「拉致の声」スタジオ。左が同番組創始者のオヨス氏。I・ベタンクールの母ヨランダ，「世界連盟」会長のビュルゲ氏。(2003.2)

2008年７月のコロンビア独立記念日，人質解放を求める集会が世界各地（南米26，欧州20，アメリカ27，アジア６の都市）で開かれた。パリ，トロカデロ広場。（2008.7.20）

上：上の写真と同じ集会。掲げられる人質の写真。「I・ベタンクール委員会世界連盟」の運動は当初から，コロンビアの人質3000人の救助を目的としている。（2008.7.20）

右：コロンビアでの人質解放を求める全国デモの日，ボゴタのボリバル広場，シモン・ボリバルの銅像とI・ベタンクールの写真肖像。後はコロンビア議会。（2008.4.4）

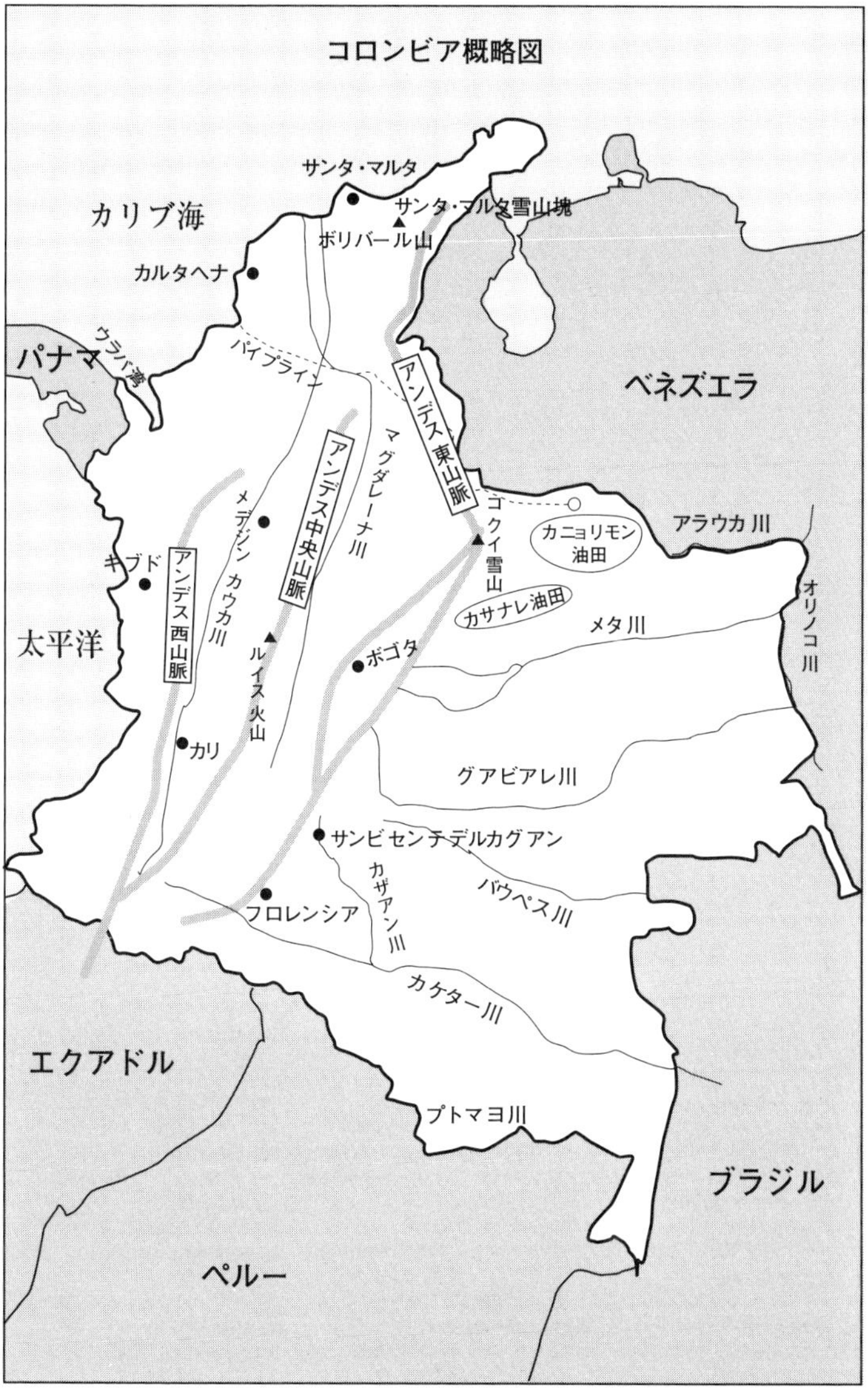

（伊高浩昭『コロンビアの内戦』論創社，2002を参考に作成）

コロンビアの行政区分　（　）内は州都

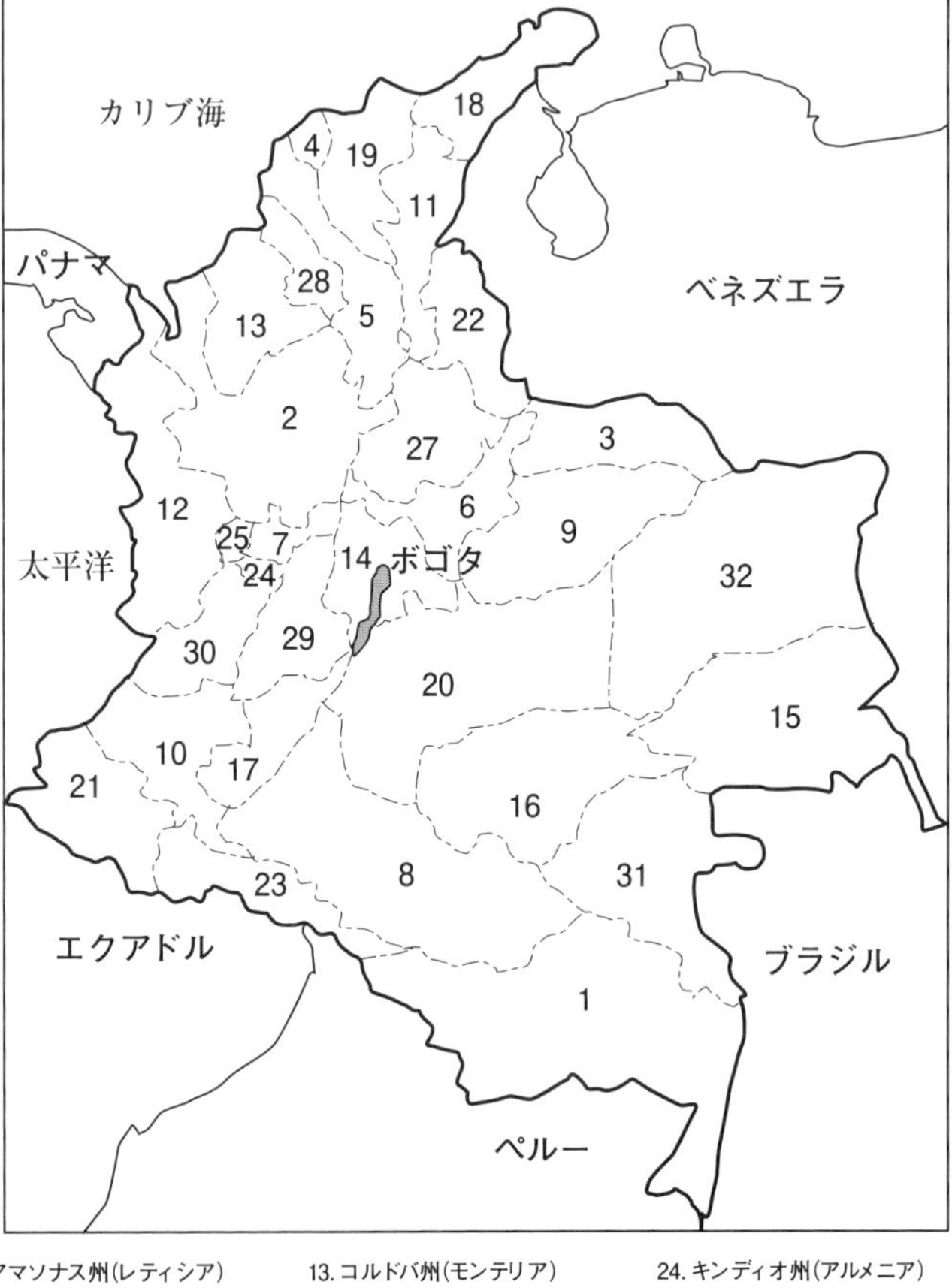

1. アマゾナス州（レティシア）
2. アンティオキア州（メデジン）
3. アラウカ州（アラウカ）
4. アトランティコ州（バランキージャ）
5. ボリーバル州（カルタヘナ）
6. ボヤカ州（トゥンハ）
7. カルダス州（マニサーレス）
8. カケタ州（フロレンシア）
9. カサナレ州（ヨパル）
10. カウカ州（ポパヤン）
11. セサル州（バジェドゥパル）
12. チョコ州（キブド）
13. コルドバ州（モンテリア）
14. クンディナマルカ州（ボゴタ）
15. グアイニア州（プェルト・イニリダー）
16. グアビアーレ州（サン・ホセ・デル・グアビアーレ）
17. ウイラ州（ネイバ）
18. ラ・グアヒーラ州（リオアチャ）
19. マグダレーナ州（サンタ・マルタ）
20. メタ州（ビジャビセンシオ）
21. ナリーニョ州（パスト）
22. ノルテ・デ・サンタンデル州（ククタ）
23. プトウマヨ州（モコア）
24. キンディオ州（アルメニア）
25. リサラルダ州（ペレイラ）
26. サン・アンドレス・イ・プロビデンシア州（サンアンドレス）（カリブ海上の島々）
27. サンタンデル州（ブカラマンガ）
28. スクレ州（シンセレホ）
29. トリマ州（イバゲ）
30. バジェ・デル・カウカ州（カリ）
31. バウペス州（ミトゥ）
32. ビチャダ州（プエルト・カレーニョ）
33. ボゴタ（首都地域）

ママンへの手紙

LETTRES
À MAMAN

コロンビアのジャングルに囚われて

イングリッド・ベタンクール
メラニー・デロア-ベタンクール／ロレンソ・デロア-ベタンクール
三好信子 訳・解説

新曜社

Ingrid Betancourt
Mélanie et Lorenzo
Delloye-Betancourt

LETTRES À MAMAN

par-delà l'enfer

préface D'ÉLIE WIESEL

目　次

まえがき　3
コロンビアの歴史　17
イングリッド・ベタンクールとは誰か？　49

ママンへの手紙——コロンビアのジャングルに囚われて　83
イングリッド・ベタンクール
前書き——エリー・ヴィーゼル　85
イングリッド・ベタンクールの手紙　87
私のママンへ　118
（イングリッド・ベタンクールの息子と娘から母へあてた手紙）

イングリッド・ベタンクールはなぜ拉致されたか？　127
イングリッド・ベタンクールおよびその他の人質の救出運動　139
解放後　165
訳者あとがき　179

まえがき

本書は2008年1月パリのスイユ社から出版されたイングリッド・ベタンクールの『ママンへの手紙』の全訳に、訳者による詳細な解説を加えたものである。著者は6年4ヵ月のあいだアマゾンのジャングルにコロンビア革命軍（FARC）の人質として捕らえられていた、コロンビアの女性政治家（フランス国籍も持つ。誘拐された時は次期大統領選立候補者）である。人質となって5年8ヵ月たったある朝（2007年10月）突然に書けと命令されて、彼女は母親と家族に宛てて一気にこの手紙を書いた。12ページにぎっしりと詰められた小さな文字、書き損じはまったくない。この手紙と彼女を撮影したビデオは、他の人質たちの手紙やビデオとともにFARC兵士によって秘密に運ばれていたが、ボゴタの飛行場で警察に差し押さえられ、コロンビア政府を通じてボゴタに住む彼女の母親に届けられた。すでに4年以上、彼女の生死は確証のないままであった。

この『手紙』はしたがって、特殊な状況で、特殊な目的のために書かれたものである。これを書いた時、著者が一般の読者を予想していたとは考えられない。きわめて私的な事柄も語られているからである。その上、イングリッド・ベタンクールは誘拐される以前どんな政治家であったか、なぜ誘拐されたのか、ゲリラや準軍（パラ・ミリタリー）組織の暗躍するコロンビアとはどんな国なのかなど、かなりの予備知識がないと、この『手紙』の真の意味するところは計りがたい。単なるお涙頂戴の私信でしかない。さらにこの手紙が書かれたいきさつには、彼女を始めとする他の多くの人質の国際的な救助運動が深く関わっていたから、なおさらである。本書の大部な解説は、そのような事情で生まれた。（コロンビアには、400万の国内難民が戦火を逃れて都市に流れ込んでいる。行方不明者は1万人とも4万人とも言われている。拉致された3000人が人質として幽閉されている。年に3万人が殺されている。）

それでは、この私信をなぜ日本語に翻訳したか？ 「そこに見られる個人的感情と普遍性、疲労困憊と精神的抵抗の混在は人の心を揺るがせる」[1]からである。それは『手紙』原著の副題が示すように「地獄を超えて」、困難で複雑な過程をへて我々にやっと届いた「生の証し」、かすかな生、今にも消え入りそうな生、かろうじて生き長らえている生、もう死に絶えているかもしれないと人々が危ぶんだ「生の便り」だからである。それは50年以上激しい内戦に喘ぐ自国の人々に平和と幸せをもたらしたいという、とてつもない希望のために、また、人の口から発せられる言葉には意味があるべきであるという、とてつもない要請のために、支払わざるを得ない莫大な犠牲と努力を我々に示してくれているからである。

イングリッド・ベタンクールとは誰か？

イングリッド・ベタンクールは2008年7月2日、6年4ヵ月ぶりに、ジャングルに隠れるゲリラ組織FARCの手から、他の人質14人とともにコロンビア政府軍によって救出された。7月4日付の読売新聞は、「マダム・コロンビア、6年ぶりの救出」と第一面で報じた。

やはり2008年4月4日付の読売新聞の国際面には、「仏、人質解放を要求」というタイトルのきわめて小さい記事があり、フランスのサルコジ大統領が、生命が危ういと推測されるイングリッド・ベタンクールの即時解放要求をテレビを通じて宣言して、医療設備のある特別機をコロンビアに派遣したと伝えている。彼女が誘拐された2ヵ月後に日本では彼女の著書の翻訳『それでも私は腐敗と闘う[2]』が出版されたが、その後書きには彼女の誘拐のいきさつが報告されている。また、誘拐2年後の2004年、NHK－BS世界のドキュメンタリーは「誘拐されたコロンビア大統領候補」を放映した。（同番組は2009年3月に「いのちの声、コロンビア、誘拐被害者へのラジオ放送」を、5月に「この世界で大人になった、コロンビア、平和の戦士たちのその後」を放映した。）

［1］「300人宣言」イングリッド・ベタンクール委員会世界連盟、2008年
［2］永田千奈訳、草思社、2002年5月

イングリッド・ベタンクールは救助された翌日、パリから特別機で迎えに行ったフランス外務大臣や家族たちと共にパリに「帰って」来た。コロンビアでは彼女の安全は保障され得ないからである。タラップを降りる彼女をサルコジ大統領夫妻が迎え、その場で記者会見が行われた。そして、日本流に言えば白バイにガードされた車で彼女はエリゼ宮に直行、エリゼ宮では著名人の参列する歓迎パーティーが催された。国家元首並みの待遇である。その後半年のあいだに、彼女は世界各国を飛び回った。ニューヨークの国連でテロ被害者について講演し、ブリュッセルのヨーロッパ議会ではコロンビアの人質全員の救助を誓った。南米諸国を歴訪してFARCとの和平交渉への協力を依頼した。マドリッドでは名高い「スペイン・アストリッド皇太子賞」（賞金7万8000ドル）を受け、ウィーンでは「2008年女性」賞を受けた[3]。

イングリッド・ベタンクールは誘拐された時、40歳になったばかりの上院議員（コロンビアでは下院議員よりも上院議員の方が選挙が難しいため権威がある）、彼女が設立した政党「緑のオクシヘノ（酸素）党」の党首、次期大統領選の立候補者であった。そしてすでに数年来、歯に衣着せない弁舌家として怖れられる新進の政治家でもあった。33歳の時、下院議員選挙に初めて立候補した彼女は、テレビのインタビュー番組で腐敗政治を批判したが、意地の悪い司会者に誰が腐敗政治家なのか名前を挙げられるかと挑まれ、即座に5人の腐敗議員の名前を挙げて世を唖然とさせた。彼女が誘拐された日、最後まで一緒にいた彼女の選対幹部ランプレア氏（後述）は6年後パリで、イングリッド・ベタンクールの魅力についてこう語った。「彼女はけしていいかげんなことを言わない。批判する時ははっきりと名指しで批判することを怖れない。そんなことができる政治家は、コロンビアには他にいない。」

『それでも私は腐敗と闘う』を読んだ人なら、彼女のこの恐ろしさは想像がつくだろう。そこで彼女は、現職の大統領パストラナをコンプレックスのある無能な男と評している。しかもこの本は、まず、フランスで出版されたのである。もちろんこれは個人的な悪口ではない。彼女は彼がどのように稚拙な形で彼女を裏切ったかを語っている。彼の申し出を受けて、腐敗政治の改革計画を協同で行うという協約を彼の自由党と彼女の「緑のオクシヘノ党」のあいだで公式に署名し、彼女の党は彼の大統領選に協力した。そして彼は45万票の差で当選した。にもかかわらず、彼は協約を果たさなかった。彼に対する彼女の軽蔑と悔しさは、彼女が考えていたその改革計画のコロンビアにとっての必要性と重大性に比例していたのだ。

イングリッド・ベタンクールはコロンビアの平和と民主主義と幸福を実現しようという夢を、命をかけて育んだ人である。今日の世の中で、心から平和の可能性を信じ、民主主義を信じて物を言う人がいったい何人いるだろうか？　この「素朴」さは、おそらくコロンビアの置かれている状況から来ると思われる。50年以上激しい内戦状態にあるコロンビアにとって、平和は、どうしても実現されなければならない夢なのだ。そして平和を実現するためには、政治の腐敗は取り除かれなければならな

［3］　拙文、日仏女性資料センター「女性情報ファイル」97号、２００９年2月

い。それは彼女によれば、1989年に殺害された大統領選候補、多くの人の希望を一身に具現していた自由党政治家ガランがすでに提唱していたことであった。

イングリッド・ベタンクールはコロンビアの上流社会の子弟として、主に外国（フランス）で育っており、フランス人外交官と結婚したのちも、外国で安らかな生活を送れる環境にあった。彼女は自国の内戦の苦しみを直接には経験していない。その彼女が、自分の幼い子供を死の脅迫から守るために外国へ送り出し、また自分自身も殺されるかもしれないという恐怖を胸に抱いて、政治家として生きることを選択したのはなぜか？[4] それをたとえば以下の事実に見ることができる。1996年、彼女が下院議員だった時代、当選したばかりの大統領がその選挙費用として麻薬マフィアから莫大な秘密献金を受けていた事実が暴露され、捜査が進むにつれて、暗殺も数を増していった。彼女は議会での弾劾裁判で大統領の有罪を証拠資料をもって証明したが、議会は大統領の無罪を表決した。大統領自身が「身の証しを立てるため」要求したこの弾劾裁判は、まったくの茶番劇でしかなかったのである。議員の大半が大統領から金を受け取っていたのだ。この時の悔しさを彼女はこう語っている。内戦と麻薬マフィアのテロと暗殺に疲れ果てていた国民は、真実を知ることなどより、一時ほっと休息したかったのだ。「彼ら」はこのことをよく知っている。「安堵したいという臆病な願いこそ我々の敗北である。かくも暗黒の、かくも恐怖に充ちた現在、もし私が殺されなければならないならば、殺される前に私に残された闘いは、この最後の大衆操作、この究極の屈辱を妨害することにある。」こうして彼女は、合法的に無罪放免された当時の現職大統領の有罪を証明するため、自分の解読した資料を元に本を書いた。[5]「この本に存在してほしいという狂気じみた願いを抱いて、私は熱に浮かされたように夜も昼も書き続けた。あたかもその本がコロンビア人の救済の保障であるかのように、また私の子供たちの救済の保障であるかのように。なぜ、どのようにこの本が、か弱い子供たちを守ってくれるのか、私はそれを言うことができない。しかしそのような深い確信が、果たすべき義務という思いが、私に執筆を続ける力を与えてくれた。[6]」

『お母さんへの手紙』はどのような状況で書かれたか？

イングリッド・ベタンクールは２００２年２月23日、ボゴタの南西７００キロほどのところにある町へ向かって、フロレンシアの飛行場から車で走行中ＦＡＲＣに拉致された。車には彼女以外に３人の男性と１人の女性が乗っていたが、３人の男性は翌日釈放され、女性２人だけが捕えられた。このもうひとりの女性はイングリッド・ベタンクールの長年の協力者、弁護士クララ・ロハスである。

彼らはなぜその日その場所に車を走らせていたのか？　なぜ彼女は拉致されたのか？　それは救助

［4］　拙文、日仏女性資料センター「女性情報ファイル」87号、２００６年２月
［5］　Sí Sabía（確かに、彼は知っていた）, Bogota, 1996
［6］　『それでも私は腐敗と闘う』

された瞬間から彼女が受け続けた質問でもある。彼女は質問されるたびに、かすかな震える声で、しかしはっきりと答えている。「私はどうしてもあの日あの町に行かねばならなかったのです。それは約束でした。あれは原則から出た決定でした。今でも私はそうすると思います。」彼女はなぜ、「非武装」解除直後の、ゲリラの出没する地帯を車で行かなければならなかったのか。さまざまなことが語られている。大統領に随行する大勢のジャーナリストが無事へリコプターを利用して目的地に着いているのに、なぜ彼女だけがへリコプターに乗れなかったのか。パストラナ大統領がそれを彼女に禁じたのではないか？　そしてその目的地とはどんな場所で、なぜその日、皆がそこへ向かっていたのか？

イングリッド・ベタンクール誘拐のニュースが報じられた翌日から、世界のあちこちで、彼女の活動を知っていた人々が救助運動を開始した。この運動は間もなく「イングリッド・ベタンクール委員会世界連盟」となって、多くのコロンビア人人質の解放を実現する強力な民間の推進力となっていくが、その戦術は国際世論に訴えるというものであった。6年間のあいだに「イングリッド・ベタンクール」ないし「コロンビア問題」が広く一般の知るところとなった事実は瞠目に値する。この国際世論の変化にＦＡＲＣの戦術も対応するようになる。イングリッド・ベタンクールが生きているか死んでいるか、解放されるか解放されないかは、世界がじっと見守る重大事となったからである。コロンビア政府も対応を迫られる。かくて２００７年秋、ベネズエラのチャベス大統領の仲介をコロンビア政府が受け入れ、ＦＡＲＣは交渉のテーブルについた。イングリッド・ベタンクールの自筆の手紙、

「生の証し」を提出することにＦＡＲＣが同意したのは、このような文脈においてである。そして人質３人の無条件釈放が２００７年末に計画された。今まで「交換」を望んでいたＦＡＲＣにとって、これはまったく新しい出来事と言わねばならない。これが実現すればＦＡＲＣの国際的評価は高まる。チャベス大統領の威信もあがる。しかしコロンビアのウリベ大統領にとって、それはありがたいことではけしてない。彼はこの計画の妨害に出た。これが、人質の家族や多くのジャーナリストらが幾日も待機し、世界の人々がテレビで見守る中、ついに大晦日に、ウリベ大統領の爆弾宣言によって流産に終わったカラカスでの解放劇である[7]。

すでにメディアで一部公表されていたイングリッド・ベタンクールの『手紙』の全文がパリで出版されたのは、この流産の４日後である。ＦＡＲＣ人質の無条件釈放はどうしても実現されなくてはならない。それはイングリッド・ベタンクール解放への第一歩を意味する。５年来恐怖に震えながらあらゆる努力を重ねている家族にとって、この機を逃してはならなかった。このようにして、『手紙』とその表紙に掲げられた彼女のやせ衰えた写真は世界を一周し、人々を震撼させたのである。この手紙は特にコロンビア人のイングリッド・ベタンクールに対する考え方を変えた。保守的な国であるコ

［7］　釈放が予定されていた3人のうちの1人は、ジャングルの中で生まれたクララ・ロハスの子供であったが、３歳になるこの子がすでにコロンビア政府に保護されていた事実をウリベ大統領は暴露したのである。拙文、日仏女性資料センター「女性情報ファイル」93号２００８年２月

ロンビアで彼女はこれまで、跳ね上がりのブルジョワ女性と一般に考えられてもおり、また誘拐事件はあまりにも多いので、当初は誰も注意を払わなかった。ところが彼女は『手紙』で、苦しみのために憔悴し、誰にも何にも守られることのない、まったくの弱者として姿を現したのだった。「何年ものあいだ私は自分が、命のある限り、息をしている限り、希望を失うことはないと思っていました。けれど今の私にはその力がありません。信じ続けるということは今の私にとっては難しいことです。」子供たちにたいする温かい愛着の表現や多くの人に捧げられた感謝の言葉は、この手紙を本人が遺書と見なしていたという想像を可能にした。「(私の) 死は皆にとって、苦悩を静かに解決してくれる方法かも知れません。」

2008年10月、解放後3ヵ月のイングリッド・ベタンクールは、ブリュッセルのヨーロッパ議会に招かれて講演した。そこで彼女は、言葉の重要性に賭ける姿勢を明らかにしている。暴力や不幸や絶望と闘い得るのは言葉の力をもってである、人間の思考も民主主義も言葉を基礎にしている、と彼女は考えるのだ。6年間、彼女はラジオが送ってくる母親の言葉だけを支えに生きていた。コロンビアには、人質の家族のメッセージを放送するラジオ放送が2つあるが、人質の家族は朝早く、あるいは夜中に起き出して、電話で、あるいは長い行列をつくって、大海に投げ入れる小瓶のごときメッセージを、夫に向けて息子に向けて、アマゾンの森に投げ入れるのである。返事はけして返ってこない。だが森の中で人質たちは、ラジオに耳を擦り付けてこのメッセージに聞き入っている。イングリッド・ベタンクールは『手紙』の中で、彼女がどのように母親のメッセージを毎朝じっと聴いていたかを語っている。彼女はヨーロッパ議会の壇上で、今なおジャングルに囚われている人質27人の名前を一つ一つ読み上げた。ここで発せられている言葉が、彼らの名前が、彼らの耳に達するように、そして自分は一人ぼっちではないと確信してくれるようにと。

イングリッド・ベタンクールは誘拐される前の10年間ボゴタで大臣顧問として、ついで下院議員として、さらに上院議員として、大臣や大統領に協力してコロンビアの改革のために努力した。しかしそれはまた、苦労して練り上げた改革計画を握りつぶされたり、約束を裏切られたりする苦い経験の10年でもあった。彼女は自分の「無邪気さ」を自覚して、自嘲さえしている。『それでも私は腐敗と闘う』はフランスでの支持を得るためフランスでまず出版されたが、そこには、この勇気ある若い女性のコロンビアにおける孤独がにじみ出ている。彼女は友人にこう語っていたそうである。「たとえ理性的に考えられた多くの反対意見があるとしても、非合理的な考えに基づいて持ちこたえるべきである。」[8]これがイングリッド・ベタンクールの力である。人を動かす力である。理由なき夢、根拠なき希望である。彼女が10年間に政治家との協力において多くの「失敗」を重ねたのは、政治家たちが彼女に協力を求めてきたからであった。「彼らは私が信頼できる人間であることを、私が彼ら自身のようには買収できない人間であることを知っているに違いない。私は彼らに、明日のコロンビアを夢

[8] Christiane Rancé, Yolanda Pulecio Betancourt: *Ingrid ma fille, mon amour*, Robert Laffont, 2006 前書き

見させるに違いない。[9]」

20世紀の喉元をおさえたと言われるエリアス・カネッティによれば、「人間の愚かさと残虐さを発見することはたやすいことだ、もっとも難しいのは、その外で人間が何であるかを発見することである。[10]」

100年来激しい暴力の吹き荒れる国コロンビアでは、人は無感動で残虐になる。「それでもいつかこの国で、我々の幸福への希求が、長いあいだ我々が死にたいして感じている目くるめくような誘惑に打ち勝つ日の来ることを私は知っている」と彼女は語った。イングリッド・ベタンクールは「ゲリラと麻薬と殺戮」の国で、平和を、人々の幸せを、約束を、身を挺して語った人である。

彼女の力はもうひとつある。それは彼女の家族だ。家族のメンバーは皆、彼女の活動の意味を理解して彼女を「完全に支持している」。この家族の理解と支持なくして自分はこれまでのラディカルな活動をすることはできなかった、とさえ彼女は語った（拉致1ヵ月前のインタビュー）。このことはその直後に始まって6年以上続いた家族たちの人質救出の運動に、はっきりと見て取ることができる。

ちなみに次の一例を見よう。

2009年4月パリで封切られたドキュメンタリー映画『望まれざる証人[11]』は、コロンビアのテレビジャーナリスト、ホルマン・モリス（Hollman Morris）の命を賭けた仕事を報告している。彼は武装諸組織の恐ろしい暴力の犠牲になっているコロンビア農民や労働組合員とその運動家の殺害[12]などを取材して報道しているが、死の脅迫をうけて幾度も家族と国外に逃れた。この映画は彼自身や家族の恐怖も語っており、彼の妻が恐怖のあまり「コロンビアはあなたがいなくても生きていけるけれど、あなたの子供たちはあなたなしでは生きていけない」と言って、夫に危険な仕事をやめて欲しいという気持ちを吐露する言葉まで録音されている。このことは彼らの恐怖がどんなものかを推し量らせ、我々はただその恐怖を共有する以外になす術を知らない。我々自身がその場合にどんな態度がとれるかについては全くおぼつかないからである。驚くべきことに、イングリッド・ベタンクールの家族に関して我々は、この種の発言を全く知らない。10年、15年のあいだにコロンビアでは、緊張と恐怖の度合いが高まったのであろうか？　イングリッド・ベタンクールは自分と家族が脅迫されたとき、本当に殺される可能性はないと思っていたのだろうか？　彼女は当時の政権にとってまだ真の邪魔者とはなっていなかったのだろうか？　少なくとも、ＦＡＲＣの人質としての6年間は、彼女にとっても家族にとっても、彼女の死の危険が現実でなかったとは思いがたい。このことを考えれば、イングリッド・ベタンクールの家族が示した力は大きかったと言わねばならない。

　イングリッド・ベタンクールはコロンビアの問題を自己のアイデンティティーの問題として生きた

[9]『それでも私は腐敗と闘う』
[10] Youssef Ishagpour: *Elias Canetti, Métamorphose et identié*, La Différence, 1990.（川俣晃自訳『エリアス・カネッティ——変身と同一』法政大学出版局、叢書・ウニベルシタス、１９９６）
[11] *Témoin indésirable*, Juan José Lozano 監督、フランス—スイス—コロンビア合作、2008.
[12] 過去30年で２８００人の労働組合員・運動家が殺害された。これは世界最大の数字である。

人である。コロンビアの平和は彼女の平和だった。コロンビアの不幸は彼女の不幸だった。世界にはコロンビアに匹敵する、あるいはそれ以上の不幸が無数にある。「イングリッド・ベタンクール事件」は、それらの現れの一つである。

本書は、『ママンへの手紙』と、5つの解説とから成っているが、それぞれはテーマごとに独立している。したがって読者は、自分の関心にしたがって順序を自由に選びながら読み進むことができる。

コロンビアの歴史

コロンビアとは「コロンブスの土地」を意味する。この名称は19世紀の独立運動の過程で用いられるようになった。もはやスペイン王の私有地ではなく、征服者コロンブスとその末裔の土地だという意味であろうか。

コロンブスは1502年、新大陸へ向けての4回目の航海で中央アメリカのカリブ海沿岸を航行し、パナマの港に停泊している。パナマは1903年に独立するまでコロンビアに属していた。

コロンビアの「歴史」は、南アメリカのスペイン人による征服から始まり、それ以前の時期は一括して「先コロンブス期」と呼ばれる。またスペイン人の到着以前にこの土地に住んでいた「先住民」も、一括してインディオ（インド人）と呼ばれている。コロンブスはインドに到着したと信じていたのだ。

カトリック教徒のスペイン王とその臣民は新大陸の所有を確立した。「アメリカ発見の偉業は、中世カスティリヤを支配していた十字軍の闘争精神なしには説明できない。」そして「植民地の征服と略奪においては、剣と十字架が並んで前進したのである。[1]」

１４９２年、コロンブスの新世界「発見」以後の50年間——征服

１５５０年までにスペイン人冒険家たちは、カリブ諸島、メキシコ、内陸のアンデス全域を探検した。この頃日本は戦国時代だった。

現在のコロンビアのある地域には、アンデス山麓やカリブ海沿岸、太平洋沿岸などにいくつもの先住民族が文明を築いていた。特にチブチャ族は優れた文明をもっていた。

１５１０年に、カリブ海側のウラバ湾にコロンビア最初のスペイン人居留地ができた。スペイン人バルボアがパナマ地峡を横断して太平洋を「発見」したのは１５１３年である。

１５２６年頃、カリブ海側にサンタ・マルタの町ができた。現地で目撃したスペイン人の残虐行為を告発したカトリック司祭ラス・カサスによれば、「サンタ・マルタ地方はインディオが黄金を大量に持っている土地だった。そのため１４９８年から１５４２年まで、大勢の冒険家が集まった。１５２３年彼らはそこに居留するようになった。」[2]

１５３９年、サンタ・フェ・デ・ボゴタ（現在のボゴタ）の町が設立された。この地に最初に入ったスペイン人はグラナダ出身だったため、この地は「新グラナダ王国＝ヌエバ・グラナダ」と称された。「１５３９年、ベネズエラやサンタ・マルタ……からの冒険家たちがペルーを目指し、競争して内陸に入って行った。そこは肥沃な土地で、素晴らしく、多くの温厚な人が住み、金やエメラルド

と呼ばれる宝石に富んだ地方だった。……この地方で指揮していた冒険家が、この地域全体の王を6、7ヵ月監禁して金とエメラルドを要求した。その王はボゴタという名だった」[3]。冒険家たちが満足するだけの黄金を与えられなかったこの王は、火の拷問を受けて死んだ。これがアンデス東部山脈の高原に居住していたチブチャ系部族の最大の王国、ムイスカ族バカタ王国の最後であり、現在のコロンビアの首都ボゴタの始まりである。――ここでは「冒険家」と訳したが、ラス・カサスの用いている言葉は tirano、すなわち「絶対的権力者、暴君」である。この語はラス・カサスにとって正確な哲学的、神学的意味を含み、「自然律や神の創造物を蹂躪する人間」を意味する[4]。ラス・カサス自身は tirano を次のように語っている。「神を畏れず人間にたいして同情を感じない強大な暴君。彼は仲間と共に、いまだかつてなかったような大量の略奪、殺戮、冒涜を行った。」

コロンブスは、マルコポーロの語ったジパングの黄金の山を求めてインドを目指したのであった。そしてローマ教皇の教書は、スペイン人が発見した土地はスペイン王に属することを認めた。スペイ

［1］ Eduardo Galeano : *Las venas abiertas de América Latina*, 1971. 仏訳 1981.（大久保光夫訳『収奪された大地―ラテンアメリカ五百年』新評論、1986、藤原書店、1991）
［2］ ラス・カサス『インディアスの破壊についての簡潔な報告』1542
［3］ 同右書
［4］ Jérôme Vérain, Bartolomé de las Casas : *Trés brève relation de la destruction des Indes*, ed. Mille et une nuit, 1999 後書き

ン人の新世界征服者は、先住民を酷使して鉱山を採掘し、真珠を採取し、抵抗する者は殺戮した。インディオたちは持ち込まれた疫病や殺戮や虐待、さらに疲弊と絶望の末の集団自殺によって急速に滅んでいった。数字はさまざまであるが、その絶滅の様子は——1492年から1509年までのあいだにエスパニョーラ島の先住民は100万人（300万人の可能性もある）から4万人に減った。[5]「サン・ドミンゴ島（エスパニョーラ島）だけで推定50万人だった人口は、1510年には5万人、1530年代始めには1万6000人、その十年後には0になった。[6]」「キリスト教徒がこれほどの数の人間を殺したのは、ただ、黄金を求めてのことであった。そして短期間で富を得て一挙に、彼らにはまったくふさわしくない高貴な地位に昇るためであった。[7]」

エルドラド（黄金の人）の伝説は1534年、インディオから話を聞いたスペイン人によって伝えられ、16世紀を通じて欧州を熱狂させた。アジアはアメリカ発見後に、ポルトガルによって（ヴァスコ・ダ・ガマ）、ついでスペインによって（マゼラン）「発見」されたが、スペイン人がアメリカの黄金に夢中になっていた頃の1544年、種子島にポルトガル人が到来した翌年、ガリシア地方出身のスペイン人ペロ・ディエズが日本に来ている。「今度は日本の番だろうか？」と『新世界の歴史』の著者は問うている。[8]幸いなことにこのスペイン人は、日本には黄金は少ない、と報告した。しかしコロンブスが目指した「ジパング」は、日本（ジャパン）ではなかったか？

スペイン人の新世界征服と先住民の壮絶な運命は、すでに16世紀始めから労働力としてアフリカから「輸入」され始めていた黒人奴隷の上にもふりかかった。

16世紀のイギリスに生きたシェイクスピアはその作品『あらし』で、未開の島に漂着した文明人と化け物のような原住民キャリバンを描いている。その絶海の孤島は、新世界の島とも地中海のランペドゥーサ島とも言われるが、キャリバン Caliban はカニバル cannibal（人食い、野蛮）のアナグラムであり、カニバルは先住民の言葉（アラワク語）でカリブ人を意味する Caniba を語源とするという。パタゴニア人の女神を信奉する魔女の息子キャリバンはまったく粗野で、利口な人間たちに自分の土地から追い払われる。この怪獣キャリバンは、当時のイギリス人が想像していたアメリカ・インディオなのである。[9] シェイクスピアは当時成就しつつあった資本の「原始的蓄積」――限界を知らない殺戮と策略、個人的欲望に支配された権力欲と暴力、毛穴という毛穴から血と汚辱を発散させながら世界に姿を現した資本――に立ち会った人であった。

しかし、新大陸領有の方法は、北米におけるアングロサクソン系民族（主にピューリタン）と南米のラテン系民族（カトリック）とでは異なっていた。北米では、原住民は絶滅させられるか、一定の地域に追いやられるかして、先住民との混血は禁じられ、白人は入植して土地を耕していった。南米

［5］ Alain Milhou, Las Casas : *Destruction des Indes*, ed. Chandeigne, 1995 前書き
［6］ Pierre Chaunu : *Histoire de l'Amérique latine*, PUF, 2006.
［7］ ラス・カサス、前掲書
［8］ Carmen Bernand et Serge Gruzinski : *Histoire du Nouveau monde*, tome I, Fayard, 1991.
［9］ 同右書

では、先住民は富の抽出に協力させられ、死ぬまで酷使され、反抗する者は殺され、そして混血が行われた。現在の南米スペイン系諸国の混血は、歴史上稀に見るケースである。[10] そして土地は、耕されるのではなく、その資源を文字どおり「吸い取られた」。つまり、土地は利用し尽くされ、使い捨てられるのである。

現在のコロンビアの人口４４００万人のうち75パーセントが混血で、白人は20パーセント。１８００年前後、スペイン植民地の人口は１６００万人、うち19パーセントが白人、32パーセントが混血、45パーセントがインディオ、４パーセントが黒人であった。[11] 白人の全体にたいする割合が変わらないのに反して、混血がいかに増えたかがうかがえる。

「スペイン人征服者が〝黄金郷〟を夢見て続々とコロンビアの地に入り込み、占領していく。彼らは、アンデスやカリブ沿岸の先住民を支配し、内陸部遠征時には先住民部隊に先導させ、混血を重ね、服従しない者は殺し滅ぼしていった。……この時からコロンビアは先住民を征服したスペイン人入植者とその子孫によって支配されることになる。独立後１８０年あまりたつ今日まで、この支配の構造は変わらない。先住民は〝混血民族〟の誕生に貢献させられただけで、統治面では５００年余にわたって復権の道を閉ざされてきた。[12]」

「コロンビアは少数のコンキスタドール（征服者）が富と権力を独占している国だ。私はその統治がどんなものかを知っている。なぜなら私はコンキスタドールの娘だから。」「私が今までの活動にもかかわらず殺されなかったのは、私がコロンビアの支配者たちと同じ階層に属している人間だからでもある」とイングリッド・ベタンクールは語っていた。

１５５０年から１８０８年までの２５０年間——征服の組織化と統治システムの確立

当初、征服者には自治が許されていたが、王室は植民地管理を自己の権威下に置こうとして、副王を派遣した。スペインのもっとも優れた家系から選ばれる副王は王室の代表として副王領を統治した。税制度、司法制度も設けられた。総じて、植民地は本国のシステムを再現したものであったが、法王の教書は植民地の教会が王の権威の下に置かれることを認めていた。これで聖職者も王の意志の執行者となる。そしてこの統治は地主貴族を育てた。15世紀ヨーロッパにまだ成立していた封建的土地所有がそのまま移入されたのである。「原住民統治使役権《エンコミエンダ》」を与えられている大地主は混血の使用人を使ってインディオと黒人奴隷を働かせ、大地から吸い上げた利益を贅沢に浪費していた。「ラテンアメリカは地球上でもっとも貴族的な国である。[13]」

[10] Jaime Jaramile Uribe, *Notre Amérique métisse*, La découverte, 1992.
[11] Charle Minguet, Simon Bolivar : *L'unité impossible*, 1983 前書き
[12] 伊高浩昭『コロンビア内戦：ゲリラと麻薬と殺戮と』論創社、２００３
[13] Pierre Chaunu. 前掲書

王国と植民地とのあいだに交わされていた植民地協定は、安い資源――主として金と銀――を王国にもたらし、植民地へは手工業製品を高く売り付けていた。この独占協定が王国の力に比例して崩れ始める時、植民地にはスペイン以外の国の船が出入りするようになっていく。

植民地は王国から海を隔てて遠く、征服された土地は広大すぎるうえ、山や川で分断されており、統一的な統治は難しかった。また他国の冒険家＝海賊との争いもあった。

ペルーの黄金の積出港となったカリブ沿岸の港カルタヘナは、ジャマイカに拠点をもつイギリス人の攻撃を受けるようになる。スペインはこれに抗してヌエバ・グラナダ副王領を組織し強化を図った（1719年）が、イギリス海軍や海賊のカルタヘナへの攻撃は続いた。カルタヘナに築かれた要塞や城壁は、現在、ユネスコの世界歴史遺産に指定されている。

スペインにおけるフェリペⅡ世の熾烈な反プロテスタント闘争は、同時に、当時のヨーロッパに成長しつつあった資本主義にたいする戦いでもあった。「十字軍の永続化は、十字軍国家の古風な社会組織の永続化をもたらした。」セルバンテスの時代、「貴族の浪費はスペインを経済的な無能に陥れていた。」植民地の金と銀がスペイン貴族の贅沢を可能にし、彼らは歴史に逆らって中世を生き続けていた。そして1700年のスペイン・ハプスブルグ家断絶をもって経済的破滅は決定的となる。一方、金銀の大半は、スペインを通り過ぎるだけでヨーロッパ諸国に吸収され、それらの国の製品がスペイン市場に争って到着していた。「ラテンアメリカから収奪された金銀は、ヨーロッパの経済発展を促進させた……あるいは、それを可能にしたとさえ言うことができる。」「スペインは乳牛を持っていたが、その乳を飲んでいたのは他の国々であった。[14]」

植民地では、本国スペインから送り込まれる役人と、現地で生まれ育ったスペイン人〈クリオーリョ〉との差別は大きく、不満が育ち、所々で王室に対する反乱が起こった。現在のコロンビアの地域では1781年、北部の町ソコーロのクリオーリョが増税に反対してボゴタに赴き、王室代表に請願書を突きつけたが、最終的に指導者たちは銃殺された。各地に起こったこのような「コミュネロス」の反乱が、独立戦争の前兆である。

クリオーリョは代々その土地に生きているので、土地は自分に属していると考えている。彼らは広大な土地を所有し、奴隷をもち、南米の経済を支配していた。彼らの祖先はスペイン有数の家系に属している。経済的エリートで教養に富み、特に新思想に敏感な彼らは、黒人奴隷やインディオにたいしては〈優越コンプレックス〉を、彼らを除外し警戒する本国スペインの王室にたいしては〈劣等コンプレックス〉を感じていた。「血筋がよく教養あるこれら〈現地の〉スペイン人は、もっとも栄えある高い地位やもっとも儲かる地位からは除外されていた。」スペイン植民地の歴史において、60人の副王のうちわずか4人がクリオーリョだった。600人の総督のうちわずか14人がクリオーリョだった。彼らは本国の利益のためにできている植民地システムに寄生する30万人の無教養な本国人に不満であった。

［14］ Eduardo Galeano. 前掲書

南米の独立運動は、北米のイギリス植民地の独立戦争（1775―1783年）の影響を直接に受けている。しかし北米では、反乱によって打ち建てられた統一は地理的条件によっても助長されたのに反して、南米での統一には無理があった。なぜなら南米には、異なった民族や文化があり、各地域は地理的に孤立していて、交通はきわめて困難だったからである。

フランス革命のスペイン領アメリカの独立への影響は、むしろ間接的に働いたようである。1795年、バーゼルの和約に署名してフランス革命政府を承認したスペインは、フランス総裁政府に突き動かされてイギリスを敵にまわすことになった。海を制覇するイギリスを敵にすることはスペインにとって、海の向こうの新世界から隔離されることを意味する。1797年以来、独占を課す植民地協定は事実上効力を失い、植民地は米国などとの通商を始めていた。

独立戦争から19世紀末まで

1808年、ナポレオン皇帝はスペイン王フェルナンド7世を退位させ、自分の兄ジョゼフをスペイン王（ホセ1世）とした。スペインでは抵抗運動が起きた。にわかに植民地が本国にとって重要性を帯びるようになる。ナポレオンもスペインも、議会で植民地の票を得ることによって、自らの正当性を確立しようとしたのである。当初植民地では反フランス、スペイン王室支持が大勢をなしていた。しかし、ナポレオンの強力な画策により状況は急遽逆転し、独立運動が優勢となった。

1810年7月20日、ボゴタでクリオーリョが最高執政評議会を組織し、スペイン人排斥を宣言した（指導者はアントニオ・ナリーニョ）。この日が、今日のコロンビア独立記念日である。

1811年、カラカス、キト、ペルーが独立。

1813年、独立政権「ヌエバ・グラナダ連合州」はスペインとの完全な断絶を宣言するが、スペイン王室はこれを認めず、1万5000の兵と67隻の艦隊を送ってカルタヘナを包囲した。カルタヘナは3ヵ月抗戦したのちに陥落し、何百人もの人が殺されたうえ厳しい弾圧を受けた。ボゴタも1816年にスペイン軍の手に陥ちた。しかし1819年、ベネズエラの革命政府を指揮していたシモン・ボリバルによってボゴタは解放された。

「解放者」シモン・ボリバルは19世紀、スペイン植民地を独立へと導いた軍人・政治家である。今日なお、彼の思想は多くの人に霊感を与えている。ボリビアは1825年の独立以後解放者の名前を冠している。1999年ベネズエラのチャベス大統領は国名をベネズエラ・ボリバル共和国と改めた。ユネスコがコロンビアの民主主義に貢献するジャーナリズムを支援するために設けた賞は「ボリバル賞」と呼ばれる。南米の各地には、ボリバルの名を冠した州、都市、街区、広場、街路、大学がいくつもある。ボゴタの中心にあるボリバル広場にはボリバルの銅像が建っているが、イングリッド・ベタンクールはこの像に接吻して話題を呼んだ。2002年6月、イングリッド・ベタンクール拉致の4ヵ月後、彼女を始め3000人のコロンビアの人質の解放を求める人々はブリュッセルで、ボリバルの銅像の周囲に３０００の白い仮面を立てた。東京目黒のコロンビア大使館の前にもボリバルの胸像がある。

シモン・ボリバルは１７８３年、カラカスのアメリカ大陸屈指の貴族で大資産家の息子として生まれた。彼の祖先は１５８９年カラカスに定住したフェリペⅡ世直属の官吏だった。ボリバルは大農園主の息子として、フランス革命直後の時代のカラカスで優れた教育を受け、ルソー、モンテスキューなど18世紀啓蒙主義の思想を学んだ。１７９９年16歳で初めてスペインを訪れ、以後、パリ、ローマ、北米などに滞在して、古代ギリシャ＝ローマの世界、アメリカ合衆国の独立、フランス革命、フランスの執政政府や帝政を学んだ。一方当時のベネズエラは、厳しい階層差別社会をなしていた。「我々はヨーロッパ人でもなければインディオでもない」とボリバルは言ったという。スペインから派遣される王室代表者の権威の下で、「純血」の現地生まれのスペイン人＝クリオーリョ、白人とインディオの混血、白人と黒人の混血、インディオと黒人の混血、インディオ（農奴）、黒人（奴隷）という差別体制が確立しており、混血人の中間層は白人のためにインディオや黒人の酷使に携わっていた。こうして生産される富の大半は、スペイン王権とそれを代表するスペイン人に吸い取られる。「スペイン権力の鎖を打ち破る」と誓ったボリバルは、何よりもクリオーリョの不満を代表していたのである。「独立はクリオーリョ貴族の出来事である。」協力する混血人もしない混血人もいる。インディオは王室側に立つか、そうでなければ受動的な傍観者であったにすぎない[15]。

ボリバルは１８０７年に帰国して、すでに始まっていた故国の独立運動に参加。１８１０年にはイギリスに協力を求めるため派遣された。イギリスの支援は得られなかったが、ボリバルはこの時イギリスの優れた政治体制を学んだ。

1812年、ベネズエラの第一共和国は王党派に破られて、ボリバルはカルタヘナに敗走するが、この時の失敗から、独立運動はスペイン人クリオーリョの説得と、大陸全土の団結が必要だと確信するに至った。

1813年、第二共和国成立を宣言。しかしスペイン軍との闘いは苦しい。

1815年ジャマイカへ亡命。

1816年ハイチの援助を得てベネズエラ上陸、スペイン軍と闘う。ハイチは1804年に黒人の激しい戦いを通じて独立した、最初の黒人国家であった。

1819年、第三共和国の宣言。ボリバル軍はボゴタを解放し、「コロンビア共和国」を宣言したが、カラカス、キト、グアヤキルはまだスペイン支配下にあった。この時からコロンビアの歴史はボリバルと結びつく。

1821年カラカス奪還。ベネズエラとヌエバ・グラナダは統一されて「コロンビア共和国」(現在のベネズエラ、コロンビア、パナマ、エクアドル)を形成。ボリバルは大統領に選出された。翌年、復位していたスペイン王フェルナンドⅦ世はコロンビア共和国を承認した。この共和国は、現在のコ

〔15〕 Pierre Chaunu. 前掲書

ロンビア共和国と区別するため、後に「大コロンビア」と呼ばれるようになる。

1822年エクアドル解放、チリ解放。1823年ペルー解放、1825年ボリビア解放。

かくて独立戦争は終了し、ボリバルは社会改革を目指した。スペインからの独立だけでは充分でない、自由を獲得しなければならない、というのが彼の考えであった。大陸全土の統一、一つの国民、一つの人民を結成することがボリバルの夢であり、計画であった。

1826年、ボリバルは米国のモンロー主義を継承して、南北アメリカの相互防衛と統一を目指し、南北アメリカの独立国を招請してのパナマ会議開催を提唱したが、参加国が少なく失敗に終わった。しかし「この会議こそ、今日の米州機構（OAS）の源である。」[16]

中央集権主義のボリバル将軍はまた、連邦主義を唱えるサンタンデル将軍らの不満と離反にも直面せざるを得なかった。

1827年、ベネズエラ、ヌエバ・グラナダ間に紛争。

1828年、ペルー軍、エクアドルを要求してグアヤキルに侵入。コルドバ将軍反乱。

1830年、ベネズエラ、エクアドルが分離独立。

この年、独裁権を手中にしていたボリバルはすべての地位を放棄して、ヨーロッパへの移住を希望しつつ、失意と病のうちに、サンタ・マルタで死んだ。

「ボリバルは、自己の偉大な計画が目の前で崩れていくのを目の当たりにした。（彼は奴隷解放令を1821年に出していたにもかかわらず）黒人奴隷がベネズエラで最終的に廃止されたのはやっと1

854年になってからであり、インディオのために設けられた政令は死文化していた。伝統と植民地構造の重圧、戦争の廃虚の上に芽生えた新しい少数権力者の力、スペイン系アメリカの極度な領土分裂などは、ボリバルの政治社会的プログラムのほとんどを無効にし、と同時におそろしく今日的で緊急な性格を帯びるに至った[17]。」

ボリバルは自家の奴隷を解放し、農園や鉱山を売却して、私財のほとんどを独立運動に注いだ。彼の死により250年続いたボリバル家は没落したが、他方、彼の部下だった将軍たちは独立戦争で得た権力を用いて私財を貯え、ベネズエラ、エクアドル、ペルーで寡頭支配層を形成し、その子孫は以後のラテンアメリカで支配を続けている。

「大コロンビア」分裂後、元のヌエバ・グラナダ共和国が改めて発足した。独立以後のラテンアメリカは国内紛争と南米諸国間の戦争に彩られている。「ラテンアメリカは、独立を得たが、統一を失うという代償を支払った。分裂と混乱とアナーキー状態が大陸を襲った。」「ラテンアメリカは開拓されるのではなく、略奪される土地であり続けた……自然資源にたいする侮蔑と人間＝労働力にたいする侮蔑……」このアナーキー状態から脱け出た最初の国は、経済の繁栄を得たブラジル、チリ、アルゼンチンであった[18]。

〔16〕 伊高浩昭、前掲書
〔17〕 Charle Minguet. 前掲書

コロンビアは特に地形上、カリブ海沿岸、太平洋沿岸、アンデス山脈高地、アマゾン森林地帯と各地域が独立していることからも、統一は困難であった。

独立後、諸国ではいくつもの憲法が次から次へと発布されるが実効を伴わない。社会構造は植民地時代のままだったからである。政治変革は国を変えなかった。「旧時代と同様、征服者たちの子孫である大土地所有貴族と混血やインディオの文盲大衆とのあいだに、中間階級があいかわらず存在した。」貧しいインディオ大衆は政治的に無力であり、クリオーリョ貴族も長いスペイン統治のため、やはり政治的には無能であった。「20年間の独立戦争は、累々たる廃虚を生み出し、個人主義の手綱をゆるめて、これまでの事態をさらに悪化させたにすぎない。」独立諸国がもった無数の憲法は、フランスあるいはアメリカ思想のコピーでしかなく、自国の現状には対応していなかった。それは「うわべだけ」のものであり、真理を「被い隠す」擬制であった。[19]

コロンビアでは19世紀いっぱい、中央集権派（ボリバル派）と連邦主義派（サンタンデル派）の二派対立の伝統が継承された。貴族や大地主、教会などを基盤にする保守党と、商人や職人、新興ブルジョワジー、小農などを代表する連邦主義の自由党が結成されたのは１８４９年である。１９０３年までコロンビアは、70以上の反乱や抗争を経験している。１８９９年から１９０３年までの「千日戦争」では10万人が死んだ。この後初めて、コロンビアは立憲政体へ向かった。

しかしイングリッド・ベタンクールはこう言っている。「１００年来コロンビアの支配層は、自分たちの特権を維持するために進歩的な、ほとんど革命的でさえある言説を用いて、現実を押し隠してきました。」「100年来我々は……レトリックの美しい衣装を身に付けるだけで、何らの改革も行いませんでした。我々は現在も、植民地時代と同じ権力構造を、寡頭政権をもっているのです。」「2世紀のあいだ支配層は、あらゆる歴史的運動にもかかわらず、不動のまま維持されてきました。[20]」

南米の解放者ボリバルは晩年、「この土地は必ず、小者の暴君たちの手に落ちるだろう。」「私は海を耕し、風に向かって種を蒔いたにすぎない」と述懐したという。彼はもはや自由な統一ラテンアメリカの実現を信じていなかったのだろうか。我々はインディオでもヨーロッパ人でもない――「いったいどうやったらこの迷宮から抜け出せるのか?」ガルシア＝マルケスによれば、これがボリバル最後の言葉であった。[21]

この迷宮から、現在のコロンビアは抜け出そうとしているのだろうか？　コロンビア国内には現在3000人の人質が幽閉されている。これら人質の家族のメッセージを放送するラジオ番組を15年来続けているジャーナリスト、エルビン・オイヨスは、「私は最後のひとりの人質が解放されるまでこ

〔18〕 Chaunu. 前掲書
〔19〕 同右書
〔20〕 誘拐1ヵ月前のインタビュー *Terre Magazine*, 2007.
〔21〕 ガルシア＝マルケス『迷宮の将軍』1989／木村榮一訳、新潮社、1991

の番組を続ける」という決意を語り、そして「その時、ボゴタのボリバル広場は自由広場と呼ばれるようになるであろう」と言い添えている。

19世紀中葉、工業の発展するヨーロッパに比べて、南米は遅れたままに止まった。支配層は国内の技術や産業を発達させることよりも、従来の植民地システムの内部でその歯車の一つとして機能することに利益を見出していた。彼らは豪華な屋敷や教会堂を建て、宝石を買い、贅沢な衣装に身を包んで宴を催していた。クリオーリョ貴族は、「資本蓄積」をしなかったのである。

「ラテンアメリカでの独立は、土地貴族の権力と貿易商人の富と権力を永遠に確実にして、新しい国々の荒廃を将来もたらすことになる。」「スペイン植民地は独立の際、ある意味で、イギリスの植民地になった。」イギリスの政治家カニングは1824年にこう言ったそうである。「成功疑いなし。スペイン領アメリカは独立した。ヘマをやらない限り、イギリスのものだ。」[22]

こうして南米は第一次大戦まで、ヨーロッパ経済の、特にイギリスの支配下に入った。

20世紀、寡頭体制とその枠外の勢力

コロンビアの内戦「千日戦争」の混乱に乗じて、米国は独立派を助けてパナマを独立させた（1903年）。パナマ問題は1921年まで続き、この時やっとパナマを承認したコロンビアは米国より莫大な補償金を得るが、同時に米国資本が大量にコロンビアに入ることを許し、以後コロンビア経済

は米国に依存するようになる。

第一次大戦でヨーロッパは痛手を負った。この後米国はイギリスを凌いで南米に進出するようになる。そして第二次大戦後、特にベトナム戦争後この傾向はさらに強まった。

20世紀前半のコロンビアでは、保守党支配と自由党支配が交替して続いたが、同時に、メキシコ革命やロシア革命の影響で労働運動が活発になる。社会党、社会革命党が発足。後者は1930年に共産党となった。

1928年に起きた「バナナ農場虐殺事件」は有名である。サンタ・マルタ雪山麓のコロンビア最大の農地を所有した米国ユナイテッド・フルーツ社（現在のチキータ社の母体）にたいする農民運動は同社労働者のストからゼネストに発展した。軍隊が出動し1400人（最高1000人とも）が殺された。ガルシア＝マルケスは、「駅前に集まっていた人たちみんな、3千人以上」が屋根の上から銃撃されて死に、遺体を満載した列車が海の方へ向かって走って行ったにもかかわらず「何事もなかった」とされた事件を、主人公の一人に語らせている。[23] 自由党議員ガイタンはこれを議会で糾弾して、寡頭政治の枠外に置かれている労働者・農民、学生らの支持を得た。

世界恐慌と労働運動の激化のため、50年続いていた保守党支配は弱体化し、1930年には自由党

［22］ Eduardo Galeano. 前掲書

［23］『百年の孤独』1967／鼓直訳、新潮社、1972

が政権を取り、以後15年間支配した。

１９４６年、自由党の分裂により、15年ぶりに保守党が政権を取ると、保守党員は私兵団「窮民制《コントラチェ》圧隊《スマ》」を組織し、自由党支配中に失った土地や利権の奪回を求めて暴力をふるった。自由党農民は武装してこれに対抗した。１９４８年、ガイタンは自由党党首として次期大統領選候補者となり、当選確実と言われていたが、選挙直前に殺害される。彼は寡頭支配体制の枠外の勢力を代表していた。この殺害後、激怒した自由党派と保守党派の市民がボゴタで衝突し「ボゴタ暴動《ボゴタソ》」が起きた。騒乱は2日続き、数千人が殺害された。[24] 全国に広がってゆく自由党系農民の蜂起や両党支持層間の争いが社会蜂起に発展することを怖れた自由党指導者は二党の寡頭体制を維持するため、保守党政府の弾圧を支持した。

１９４６年に始まって１９５７年まで続いたこの暴力の時代を「ビオレンシア」と呼ぶ。10年間に18万人が死んだ。土地を中心とするこの流血の利権闘争は「二党間の争いという形をとったが、事実は地方の農民と地主階級との戦いだった。……独立派の農民グループは権力のテロから自らを守ろうとした。彼らが今日におけるコロンビア・ゲリラ闘争の最初の核となった。[25]」と、ゲリラ組織のひとつＥＬＮ（コロンビア民族解放軍）情報部は語っている。「１９５５年（当時の軍事政権が）再武装した農民に対して大規模な軍事攻撃をかけた。……この攻勢の中、トリマ州で武装自衛運動が結成された。これが後にＦＡＲＣとなる。[26]」また「米政府がラテンアメリカに対する共産主義の脅威という強迫観念に支配されるようになったきっかけは、ボゴタ暴動だった。[27]」ガレアノはこの激しい農民戦争の暴力《ビオレンシア》を、「長い間反芻されてきた農民の憎しみが爆発し、一方、政府は警察官と兵士を送って、〈種を絶やせ〉という指令の下、男の睾丸を切り取り、妊娠した女の腹を裂いては中の赤ん坊を投げ上げて銃剣の先で受け止めた」と語っている。さらに彼は、政府軍の弾圧と攻撃を受ける農民が山地に逃げ入って自警団を組織し、やがて革命の旗を掲げるゲリラとなった経過や、そして、戦争終結後には農村部から都市へと多くの失業者が流れ込み、ボゴタの子供の80パーセントがビタミン欠乏に苦しみ、学校に行かない子供が全国で100万人いたことなどを記している。イングリッド・ベタンクールの母親ヨランダが、ボコダにさまよう孤児を世話する「子供の宿」を設立したのは終戦の翌年、1958年である。

同年、「ビオレンシア」から教訓を得た支配層は、二党団結の必要を見て取り、連立政策「国民戦線」――4年ごとに二党で政権を交替――を成立させた。以後16年間続くこの「たらいまわし政権」は二党エリート間闘争の19世紀的性格に終止符を打った。自由党と保守党の対立と内戦は19世紀中ほぼ全ての南米独立国で繰り返されたが、その後多くの国ではこの二党制の枠組みは崩れていったので

［24］　伊高浩昭、前掲書
［25］　コロンビア民族解放軍「コロンビアにおけるゲリラ闘争の歴史」
［26］　Garry Leech：《Fifty years of violence》, *Colombia Journal*, 1999. 仏語再版2004、益岡賢のページ「暴力の50年」2002
［27］　Garry Leech：*Killing peace*, 2002. 伊高浩昭、前掲書による引用

ある。しかしコロンビアでは、二党体制はずっと維持されてきた。ただ両党とも寡頭支配体制維持という点では一致している。イングリッド・ベタンクールは２００１年、「保守党も自由党も、さして違いはない。私の父は保守党、母は自由党だった。」と語っている。この二大政党制は「植民地時代の延長として都市部で政治と経済を支配し、農村部では〈永代資産制〉の最たる大土地所有制を維持してきた」が、その国家権力は広大な国土全体には及ばない。この「広範な地域で〈意図的に〉維持されてきた無法状態こそが、寡頭体制を存続させる基盤となっている。」この無法地域にやがて「ゲリラ、麻薬組織、準軍組織が入り込んで国土の60パーセントが〈群雄割拠〉の無政府状態となる」のだ。[28]

「軍事攻勢を受けた農民たちは、メタ州とカケタ州の東方、人が住んでいない地域に入って行き、土地を耕して〈独立共和国〉をつくった。……しかし大土地所有者はこれら新たに開墾された土地の所有権をも主張し始め、一方政府はこれら〈共和国〉を共産主義の盗賊暴力団として武力攻撃をかけるとともに、政治的に非難し、経済的に封鎖した。その結果は戦争である。〈共和国〉はひとつまたひとつと軍の手に落ちて、ひとたび政府の統制下に入ると、土地は大土地所有者の手に渡った。農民はさらにジャングルの奥へと追いやられ、社会的正義を獲得する唯一の道は、全国的な反政府戦争ができるかどうかにかかっていることを理解した。……１９６４年武装自衛運動の諸拠点は農業改革プログラムを発表したが、その２年後、この運動は公式にＦＡＲＣとなった。[29]」

16年間続いた二党連立政策は、確かに死者の数を減らしたが、この間、貧困にある人々の数は大幅に増えた。これらの貧しい人々も無人地域に新しい土地を求めて入って行き、そして70年代末のコカブームには新たに多くの人が、主としてFARCの支配する地方に入って行った。当初、FARCはこの大量移民を喜ばなかったが、これら農民から徴集する「戦争税」の大きな収入はFARC強化に役立つようになる。やはり進出してきた麻薬マフィアの方は、彼らがコカインの製造と販売だけを行っているうちはFARCとの衝突はなかったが、大土地所有者となって牧畜を行うようになると、FARCの敵となった。

麻薬マフィア地主との闘争の過程で、FARCは麻薬マフィアやその家族の誘拐が収入に繋がることを発見する。身の代金の支払いが充分でなければFARCは人質を殺した。他方、麻薬マフィアはゲリラに対抗するべく凶暴な暴力団を組織した。これが「準軍組織」の発生である。この組織はやがてゲリラばかりか、そのシンパと見なされる者、労働組合運動家、民主主義運動家などを目標とする殺し屋集団となり、その数は数百を数えるに至った。その一つがどのように生まれたかを、次の報告は語っている。「1982年（サンタンデル州プエルト・ボヤカの軍人市長は）地方名士、自由党・保守党リーダー、企業家、大牧畜業者、テキサス石油会社代表を招集した。彼らは自分たちの目標が、

［28］ 伊高浩昭、前掲書
［29］ Garry Leech:《Fifty years of violence》前掲資料

単にゲリラの要求にたいして住民を保護するだけでないことを認識した。地域の反体制分子を〈粛清〉することが彼らの願いであった。[30]」

準軍組織と軍部との共謀関係は明らかである。準軍組織による集団殺人や拷問などの事件の捜査を担当する判事らは暗殺されることを怖れて訴訟を軍事法廷に委ねる。軍事法廷では訴訟はいつも却下されるか、処罰が確定しても執行されない。「この無処罰のメカニズムは、軍部と準軍組織が農民にたいして、何らかの処罰を受ける懸念なしに、戦争をしかけることを可能にしている。[31]」また、しばしば公式に非常事態に入るコロンビアでは、軍部が政府と同等の力を分け持つため、軍と準軍組織は事実上、政府の意見を無視して行動できる権限を有している。

準軍組織は麻薬組織とも深く関わりをもっている。麻薬マフィアの地主は準軍組織を使ってゲリラや農民を標的とするばかりでなく、麻薬取り締まりに携わる役人や判事らをも殺害した。

現在、準軍組織は、人権運動家、組合運動家、人権運動に携わる聖職者、先住民指導者、ジャーナリストらばかりでなく、ホモ、売春婦、麻薬中毒患者、前科者、犯罪人、乞食、家のない孤児たちをも〈道徳的粛清〉の対象として殺害している。2006年には71人の労働組合員（うち13人は組合指導者）が暗殺された。[32]ここ30年で70人以上のジャーナリストが殺害された。

コロンビアに猖獗をきわめるテロは「（人権組織の詳細な報告によれば）残虐行為のほぼ75ないし80パーセントは軍や準軍組織によってなされたと見なすことができ、この比率はここ数年変わっていません。」（ノーム・チョムスキー[33]）

新自由主義とグローバリゼーション

１９９０年代からコロンビアはＩＭＦ（国際通貨基金）の貸付や米国の援助を得、その圧力のもと自国経済のリフォームと多国籍企業への開放を行い、新自由主義政策を導入した。そして新たな土地や資源への渇望は、今まで放置されていた地域への侵入を促している。

父ブッシュ大統領が１９９０年の「アンデス計画」でコロンビア、ペルー、ボリビアに与えた経済軍事援助22億ドルの３分の２は麻薬戦争のため軍と警察の強化にあてられた。しかし同年、米国協力のもとに行われたコロンビア軍諜報網の再編成は、その目的が対ゲリラ戦にあったことが明らかになっている。「１９９０年代の米国援助のかなりの部分が人権侵害の暴力をふるうコロンビア軍部隊に

〔30〕 Human Rights Watch, New York, 1996.（Garry Leech 前掲資料の引用）
〔31〕 Garry Leech：《Fifty years of violence》前掲資料
〔32〕 Bill Weinberg：《Colombia：The Paras & the oil cartel, state terror and the struggle for Ecopetrol》, *world War 4 Report*, 2007. 益岡賢のページ「コロンビア：パラと石油カルテル、国家テロとエコペトロルをめぐる闘い」２００７
〔33〕 Norm Chomsky：《Their fate lies in our hands》, 2002. 益岡賢のページ「カウカの命運は我々にかかっている」２００２

注がれた。また、多くの部隊の主目標は麻薬ではなくゲリラであった。」[34] クリントン政権による2000年の援助13億ドルも、うち10億ドルは軍事援助にあてられた。以後コロンビアは米国が軍事援助を与えている国のうち、イスラエルとエジプトに次ぐ世界第3位の国となった。米国は麻薬戦争の仮面をかぶってゲリラ殲滅闘争に突入したのである。クリントン政権はゲリラを「麻薬《ナルコ》ゲリラ」と呼んでゲリラと麻薬を結びつけたが、米国麻薬局さえ、「FARCは麻薬の国際的取引に関与していない。FARCはむしろ、コロンビア軍と準軍組織を含む多くの麻薬営利業関係者の一員である」にすぎないと認めている。[35]

コロンビアの大地主体制と農民や先住民との関係はコロンビアを知るうえで重要である。「ビオレンシア」の時代、コロンビアでは、20ヘクタールまでの零細地主は地主全体の85パーセントを占めながら、それが所有する土地面積は可耕地全体の15パーセントにすぎなかった。20〜100ヘクタールの中堅地主は地主全体の12パーセント、その所有地面積は全可耕地の21パーセント。100〜500ヘクタールの大地主は全地主の3パーセント、その所有地面積は30パーセント。500ヘクタール以上の特大地主は0・5パーセント、その所有地面積は31パーセントだった。零細地主の下にはさらに、土地をもたない農民が多数いる。[36]

2006年の数字を見よう。「今日では人口のたった0・4パーセントが、登記されている農村地帯の土地の61パーセントを所有している。0・4パーセントというのは約1万5000人で、そのうちのひとりに現コロンビア大統領のアレヴァロ・ウリベがいる。国会議員の70パーセント近くがこの選民グループに属している。この選民グループは、コロンビア支配層が自由貿易協定と米州自由貿易協定、さらに石油や林業、水資源等々をめぐる法改変に貢献する見返りとして、現状維持のために設計された〈コロンビア・プラン〉[37]を通して米国の支援を受けている。こうした取引はまた、多国籍企業の投資先や巨大プロジェクト先に近い地域の地価騰貴により大土地所有者が巨額の利益を得ることを確実にする。……（この大土地所有制の強化は）農業生産ではなく投機に基づいている。ウリベ政権は、土地から追放された３００万人の人々の土地離れを合法化するために必要な法律を採択しようとしている。この法律は、新たに入手した土地の登記に必要な時間を短縮しようとするものである。……これは、暴力的な土地収奪を永続化させる方策の一部である。」[38]「２００５年に自分たちの土地を追われたコロンビア人は30万人以上おり、その多くはアワ先住民と同様、米国が支援しているコロンン

[34] Human Rights Watch 報告
[35] Coletta Younger : *U. S. Entanglements in Colombia* 1998.
[36] 伊高浩昭、前掲書
[37] ２０００年にスタートしたコロンビア復興開発計画。これにより米国の軍事援助が強化された。本書「イングリッド・ベタンクールとは誰か?」参照。
[38] Hecor Mondragon : *Freedom for mother earth.* 2006. 益岡賢のページ「母なる地に自由を!」２００6

ビア軍により追放されて難民化したものである。対ゲリラ作戦の結果何万もの人々が家を追われているが、さらに何千人もが〈自由貿易〉というお題目のもとでの多国籍企業による開発を可能にするために、豊富な資源を有する土地から無理矢理に追放されている。[39]」

コロンビアの人口4400万人のうちインディオは2・2パーセント、約100万人いると言われる（数字は資料によって異なる）。彼らはアマゾン森林、アンデス山脈、カリブ海側、太平洋側などの熱帯雨林に昔から住んで、固有の農業を営み、固有の言語・文化・習慣をもち、数世紀以来変わらない生活を営んできた。しかし現在彼らは、軍や準軍組織とゲリラ組織の闘争の狭間に置かれて、両方から攻撃を受け、また、開発計画による土地投機や地下資源、森林資源目当てのために、彼らの「母なる大地」から追放され殺害されている。2002年来1200人以上のインディオが殺され、18のインディオグループが絶滅寸前となっている。[40]

インディオの土地は憲法によって保障されている。だがそこに繁茂する森林も、石油などの地下資源も国家の管理下にある。資源への自由で安価なアクセスを実現するにはインディオは邪魔者でしかない。コカ及びケシの栽培根絶のためといわれる広範な地域での薬物散布により、環境と住民の健康は破壊され、農民やインディオらは不毛となった土地を去らざるを得なくなっている。このようにして土地は新たに簒奪され、他方、薬剤調達もその散布も米国の会社によって請負われている。[41]

アメリカ人ジャーナリスト、G・リーチは**２００３年**、太平洋側チョコ州の州都キブドから川を12時間船で遡った奥地の先住民部落を訪ねた。「（船で）３時間というもの、人が生活しているらしき跡をほとんど目にしなかったため、突然現れた先住民エムベラの、木で支えられて壁のない藁葺き小屋の20ほどの小村は、魔法のような光景であった。緑の深い泥道の岡を登って、霧に包まれた村に入って行くのは、１０００年もの昔に遡る思いがした。けれどもこのエゴロケラ村に入った我々を迎えてくれた平和感は、ほとんど幻想であることがやがて分かった。エムベラ先住民の現実は平和なコミュニティーであるどころか、政府に無視されたままで、栄養失調や病気に対処し、武装グループに常に直面せざるを得ないというものであった。……数世紀のあいだ、エムベラ人たちは、大方、コロンビア社会とは断絶して暮らしていた。けれども、過去半世紀コロンビアを席捲した暴力は、孤立していた彼らにも及んだのである。この先住民は左翼ゲリラと右翼準軍組織とコロンビア軍のあいだにあって、その紛争に巻き込まれた。[42]」

［39］ Garry Leech：《Washington Post is way out of line on Colombia 'supported' human rights》, *Colombia Journal*, 2007. 益岡賢のページ「コロンビアの人権危機をめぐるワシントン・ポスト紙の社説」２００７
［40］ コロンビア全国インディオ組織（ＯＮＩＣ）報告
［41］ Anne Montgomery：《Globalization and 'free' trade in Colombia》, *Colombia Reports*, 2001. 益岡賢のページ「コロンビアにおけるグローバル化と〈自由〉貿易」２００２

先住民族保護のために活動する国際組織「サバイバル・インターナショナル」は2006年、コロンビア南東の熱帯雨林に住む先住民マク人の一グループ、ヌカクの救助を世界に呼びかけた。ヌカクは「19世紀末のゴム・ブームの時、初めて外部の者がこの地域に侵入しましたが、その後100年間、実質的に未接触でした。」ヌカクは「小さな家族集団で生活していて、森の奥深く川の傍を好み……数日過ごすと別な場所に移動します。……ほとんど所有物をもたず、狩猟、採集、漁労、少しばかりの穀物栽培で暮らしています。」彼らは2003年来、コカ畑への薬物散布のため彼らの領域に住めなくなり、退去を余儀なくされている。「奥深い雨林帯へ、コカイン交易のためにコカ栽培をする入植者は侵入し……左翼ゲリラや右翼民兵組織、そしてコロンビア軍が、この地域の支配権をめぐって戦っています。……（地元インディオ組織の運動により）コロンビア政府は1993年に（ヌカクの）居留地を創設し、1997年にはそれを拡張しました。現在ヌカクが求めているのは、居留地の境界が尊重されることです。」（森本和男訳）

2008年10月、コロンビアでは40日にわたって、コロンビア各地のインディオが首都ボゴタへ向かって行進するという近年稀に見る大規模な先住民の全国的示威運動が行われた。カリの町に先住民5000人が集まってボゴタに向かったとも、ボゴタでは2万5千人が集まったとも報道されている。先住民運動「ミンガ」は政府が「先住民族の声と母なる大地の叫び」に耳を傾け、彼らの生活を尊重するよう要求している。先住民40万人が土地を奪われ、5万2000人が強制退去させられているからだ。[43]

やはり２００８年10月、コロンビア南部アマソナス州で、絶滅の危険にあるバロ族が武装グループの侵入を受けて州都へ逃げたが、彼らは身分証明書をもたず、都市生活の経験がないので、深刻な危険にさらされている。またコロンビア南東プトゥマヨ州では60の先住民家族が軍の脅迫を受けて逃げだしている。[44]

２００９年２月には、コロンビア南部で、準軍組織に協力していると見なされたアワ族のインディオ17人（子供３人を含む）がＦＡＲＣに殺された。「アワ族（２万人）はコロンビア南部ナリーニョ州に26の保護区のある30万ヘクタールの地域のあちこちに小村落を造って暮らしている。森の奥深くでアワ族は、いかなるイデオロギーともいかなる武装グループとも無関係に、数世紀来彼らがそうしてきたように、祖先の土地で静かに、自律的に、自然と調和して生きることだけを望んでいたのだ。……２００８年９月から２００９年２月までに44人のアワ族が殺された。[45]」

［42］ T. Gibbs and G. Leech:《The indigenous struggle in the Choco》, *Colombia Journal*, 2003. 益岡賢のページ「チョコ先住民の闘い」２００３
［43］「コロンビア全国インディオ組織」報告
［44］ 国連コミュニケ、２００８年10月
［45］ *Courrier International*, 2009, 2, 25.

植民地化からグローバル化まで、スペインの暴君征服者から顔の無い無国籍――多国籍――投資家と企業まで――「ラテンアメリカは血管を開かれた地域である。〈発見〉の時から今日に至るまで、すべてがヨーロッパの、そして後には米国の資本へと持ち出された。そして遠くの権力の中心に蓄積されることとなったのである。」[46]

[46] Eduardo Galeano. 前掲書（Anne Montgomery. 前掲資料による引用）

イングリッド・ベタンクールとは誰か？

ジャングルに囚われて6年になろうとしていた時イングリッド・ベタンクールは、まだ思春期にあった子供たちを置き去りにした母親として、「青酸カリを一滴一滴と血管に注入されるような孤独」を感じる、と告白している。[1]

しかし彼女は誘拐される以前すでに、自分や子供たちを殺すという脅迫を受けていたため、子供を離婚した前夫に預けて、ひとりで（のちには再婚した夫と）ボゴタで政治家としての生活を続けていた。子供たちとは毎夜、電話で話し、バカンスの時に会うだけだった。仕事に疲れて、誰もいない自宅に帰る時、そして、報われない仕事の空しさを感じるにつけ、彼女は何のためにかくも大きな犠牲を払わなくてはならないのかと、自問する時があった。「子供たちがいないので、恐ろしい空虚を感じる時がある。けれど私は子供のメラニーとロレンソが将来、たとえばフランスでのように、自由に、平和のうちに、怖がることなく、コロンビアで生活できるようになるために闘わなくてはならない」

［1］『ママンへの手紙』（本書）

と語っていたという[2]。

イングリッド・ベタンクールは2001年大統領選に立候補するまでの自分を『それでも私は腐敗と闘う[3]』で語っている。以下のイングリッド・ベタンクール像は、主としてこの著書に基づいている（以下、特に言及のない場合は同書からの引用）。この本は2001年フランスで出版され、ついでコロンビア、そして世界13ヵ国で翻訳され、フランスではベストセラーになった。彼女がこの本で語っているのはもちろん大統領選候補者としての自分である。この本はまた、国家や政治がどんなに恐ろしいか、美しい表面の向こう側がどんなに汚いか、立派な紳士がどんなに悪者かをも、我々に示している。彼女は腐敗した政治と闘っていたのだから。

だがこの本の本質は次の一点にある。コロンビアの不幸は彼女の不幸であった。コロンビアの幸せは彼女の幸せであった。コロンビアの栄光は彼女の栄光でなくてはならない。

イングリッド・ベタンクールは1961年、ボゴタに生まれた。ノルマンディー出身のフランス人を祖先にもつ父親ガブリエル・ベタンクールは政治家である。母はコロンビアのイタリア系の上流階級に生まれ育った。2人がめぐり逢った時、父は文部大臣、母は「美の女王」に選ばれて、その賞金でボゴタの貧しい孤児を救う施設を創設したばかりだった。イングリッドには、一つ年上の姉アストリッドがいる。アストリッドは人質イングリッドの救助運動に大きな役割を果たした。

1963年、父がパリのユネスコに派遣され、一家はパリに滞在するようになる。ブローニュの森近くの彼らの家には、パリの文化人や諸国の芸術家たちが招かれ、出入りしていた。

1966年、父親は新任のコロンビア大統領ジェラス（自由党）に文部大臣になるよう求められた。ベタンクール一家はボゴタに帰る。5歳のイングリッドにとっては、この時からコロンビアとの関係が始まった。清廉な政治家として尊敬されていた父ガブリエル・ベタンクールは、コロンビアを腐敗政治から救い、コロンビアに民主主義をもたらすことのできる唯一の人として嘱望され、次期大統領に立候補するよう勧められた。しかし腐敗した政界とは厳しく一線を画していた彼はこれを断り、妻や友人たちを失望させた。大統領ジェラスはこの融通の利かない堅物を、パリのユネスコ大使として慇懃に追い払った。この間、イングリッドの母親は孤児院「子供の宿」の経営を続ける一方、ボゴタの副市長になって、福祉の仕事に専念していた。

1969年1月から、一家の新しいパリ生活が始まる。凱旋門とブローニュの森を繋ぐパリで一番幅の広い、パリで一番のお金持ちが住む通り、フォッシュ通りの贅沢な500平方メートルのアパルトマンに彼らは落ち着いた。夫妻はフランスのあらゆる城館に招待され、自宅では週に一度、200人から300人の人を招いて宴を催していた。彼らの家にはコロンビアの代々の大統領や政治家たち

［2］ Christiane Rancé, Yolanda Pulecio Betancourt : *Ingrid ma fille, mon amour*, Robert Lafont. 2006. 前書き

［3］ 原題は *La rage au coeur*（激しさを心に抱いて）

が訪れて、コロンビア政治の危機を深刻に論じていた。また、画家ボテロ、詩人パブロ・ネルーダも訪れていた。母はボゴタでの孤児救済事業を心にかけながらも、夫のパリでの社交を支えた。

5年後、イングリッド13歳の時、一家はコロンビアに帰る。彼らはジェノヴァからの豪華客船で1ヵ月かけて帰国した。イングリッドはこの時初めて、父と一緒にゆっくりと読書やおしゃべりをする時間を得た。そして父親が彼女に次のように語ったことを記憶している。「イングリッド、私たちはコロンビアから沢山のプレゼントをもらっている。おまえがヨーロッパを知ることができたのも、最良の学校に通えたのも、贅沢な文化的環境で生活できたのも、コロンビアのお陰だよ。普通のコロンビアの子供に、こんなことは絶対に与えられない。おまえの今日の幸福は、おまえのコロンビアへの借りになるんだ。忘れないように。」

イングリッドが14歳の時、母は突然夫の元を去った。コロンビアの貧困と直面していた母ヨランダには、もはや、社交的な文化交流は続けられなくなっていたのである。だが当時、コロンビアの上流社会で離婚はタブーであり、まして、大臣や大使の妻が、自分の社会的活動のため夫を去ったとすれば、それは恩を知らないスキャンダラスな行為と見なされた。2人はすでに著名人であったため、彼女は世間からさまざまな非難と誹謗を受けるが、彼女はひるむことなく「激しさを心に抱いて」、自己自身であろうとする女性の闘いを始めたのだった。ひとりで、資金もないまま、孤児たちを救うために、彼女はボゴタ市議会に立候補し、イングリッドはこの母親を応援して、選挙のポスターを貼り、ビラを配るのを手伝った。ヨランダは貧しい地区の人々の票を得て当選した。イングリッドの著書『激しさを心に抱いて』（邦訳『それでも私は腐敗と闘う』）の題名は、この時彼女が目の当たりにした、自分のうちの何物かに突き動かされて行動する母親の姿に由来している。イングリッド・ベタンクールは「この時初めて私は、あらゆる闘いの果てには正義がある、闘いはけして無駄ではないと確信した」と回想している。母親の女性としての生き方が、イングリッドのモデルであった。

しかしボゴタの紳士淑女はヨランダを受け入れなかった。反目に疲れきった彼女は、パリのコロンビア大使館での仕事を得て、ひとりパリへと旅立った。イングリッド16歳の時である。ヨランダは今度はサン・ジェルマン通りに居を構え、イングリッドは夏休みだけパリで母親に会うようになった。以後10年間パリに滞在した母親の住まいには、ノーベル賞作家ガルシア＝マルケスや画家ボテロらが訪れていた。イングリッドは父親と共にボゴタに住んで高校を卒業し、その後すぐ、父をひとり残してパリに向けて出発する。１９８０年のことである。

イングリッド・ベタンクールは子供時代のほとんどを外国で過ごしている。18歳で成年に達するまで、彼女は都合8年をボゴタで過ごしたにすぎない。しかし、このボゴタでの思春期は重要であった。両親の苦渋に充ちた離婚劇に立ち会い、保守的なボゴタ上流社会との反目を経験し、そして高校では自由に飛翔することを学んだ。「現在の私はボゴタでの高校最後の年に生まれた。知性の面での、そして感覚の面での無尽蔵な発見、自由の体験……」

父親の薫陶を受けた彼女はすでに、自分の利害のために地位を利用する政治家と、国の運命に貢献することを使命とする政治家との違いを知っていた。そして、重要な決定を左右したい、国に奉仕したいという希望はすでに彼女の内に芽生えていた。フランスの国がどのように機能しているか、コロンビアのように腐敗に落ち入らないためにフランスはどうしているか、彼女はそれを知りたいと望んだ。こうしてイングリッドは、パリの優秀な専門学校「政治学院」へ進み、国家の諸機関がどのように歯車を噛み合わせて動いているかを情熱をもって学んだ。

この頃彼女は、フランス人の外交官と知り合う。離婚したばかりの彼には小さな男の子があった。2人は結婚する。ファブリス・デロア、数年後に離婚するので、イングリッド・ベタンクールの前夫として、彼女の救助に奔走し、子供たちの養育を引き受けた人である。1983年、新婚の2人は、夫の赴任地エクアドルの首都キトに移り住んだ。1985年長女メラニーが生まれる。この頃コロンビアは、麻薬マフィアやゲリラのテロで泥沼に陥ろうとしていた。1984年法務大臣殺害。1985年ルイス火山の噴火で2万5千人死亡。同年、ゲリラ組織M19の最高裁判所襲撃により、司法官を含む100人以上の人が死んだ。夫は彼女の希望に反して、危険なコロンビアで子供を育てるのを望まない。彼は赴任先をセイシェル島に選んだ。

他方1986年、イングリッドの母親は10年のパリ生活を終え、活力を取り戻してボゴタに帰った。そして下院議員選挙に出馬。麻薬密造業者やゲリラに村を追われてボゴタに難民として流れ込む農民の救助が彼女の目標であった。セイシェル島にいるイングリッドは、母親から電話でコロンビアの実情を刻々と知らされており、自分の安穏で豊かな生活を意味のないものに感じ始める。母親ヨランダは、パリで華やかな生活を送っていた時、夫への愛とボゴタにいられない絶望とに引き裂かれていたが、セイシェル島での自分もそうであった、と彼女は書いている。「自分の国が苦しんでいる時、そして母がそこで闘っている時、自分は観光天国のセイシェル島にいる。私はフランス人外交官の妻で、素晴らしい家に住み、娘と散歩することとレセプションやディナーのための指図を時々与える以外は、何もすることがない。私にはここが自分のいるべき場所だとは思えない。私の幸せは空虚で慎みのないものに見えてくるばかりだ……。コロンビアに起きていることに比べれば、どんな幸せも取るに足らないものに思える。しかし、どうしよう？　夫のファブリスはこの生活に幸せを感じている。彼はコロンビア人ではないのだから、私の故国で起こっていることにどうして心を煩わすことがあろう……」

我慢できずイングリッドは同年、娘をつれてボゴタに2ヵ月帰った。高校を卒業してパリへ旅立って以来6年ぶりのボゴタだった。コロンビア人が呼吸しているのと同じ空気を吸って、自分も娘もコロンビア人として認めてもらいたい、と彼女は願った。この時イングリッドは下院議員の母親に付いて、他の議員たちと地方視察の旅に出た。そして行き先で、ある議員の、あきらかに選挙を目的とした演説を聴いて唖然とする。それは母親の友達でもあり、8年後に大統領になるエルネスト・サンペールだった。(『それでも私は腐敗と闘う』は、大統領サンペールの秘密献金スキャンダルとそれをもみ消すための暗殺行為を詳細に語っている。)

イングリッド・ベタンクールはこの時、コロンビアの政治に関わろうという自分の意志をはっきり自覚したという。このボゴタ滞在中、父親が心臓の手術を受けて生死のあいだをさ迷った。イングリッドは父に付き添ったが、この時、父をボゴタにひとり置いて自分がパリに旅立ったことや、以後も「父がひとりで臨終を迎えるかもしれないという考えに打ちひしがれた。このことは、これ以後の出来事に大いに影響した」。彼女が拉致された時すでに重態にあった父親はその1ヵ月後、心労の果てに亡くなった。彼女は父親の死を、ジャングルの中で偶然に古新聞を読んで知るのだが、その耐えがたい苦しみを『ママンへの手紙』で語っている。

1988年、息子ロレンソがセイシェル島で生まれる。

1989年、次期大統領にガラン（自由党）が立候補して選挙運動を始めた頃、コロンビアには麻薬王パブロ・エスコバルのテロが荒れ狂っていた。イングリッドの母親はガランの選対委員長となり、ガランに大きな期待を寄せていた――「彼はコロンビアに残された最後のチャンスだ、彼にどうしても当選してもらわなくてはならない」。当選確実と言われていたガランは、40年前に暗殺された政治家ガエタンの遺志を継ぐ政治家と見なされていた。ガエタンは「貧困救済を唱え寡頭支配体制を攻撃し、都市部の労働者や農村の労働者から圧倒的に支持され、……伝統の二大政党の枠組みからはみだした」政治家である。一方ガランは「貧しい庶民の輝く星でした。彼は自由党員でしたが、自由・保守二大政党体制を超えて、歴史上初めて、全コロンビア人のための大統領になる人物だったのです。[4]」

「ガランは、彼がまだ若いジャーナリストだった1979年に、自由党の腐敗した政治伝統の近代化と刷新を目指す新しい自由主義運動を創設した人である。彼ほど麻薬密売に強烈に反対した人はいなかった。彼ほどエネルギッシュにコロンビア麻薬業者の米国引き渡しに積極的だった人はいなかった」と、ガルシア＝マルケスは語っている。[5]

同年夏、イングリッドは生まれたばかりの息子ロレンソをつれてひとりフランスに滞在する。すでに夫とのあいだにはコロンビア問題をはさんで齟齬が生まれていた。ある夜、床に就いたが眠れない。ガランはその夜ボゴタ近郊での選挙遊説中に、母親ヨランダの傍らで銃弾に倒れた。１９８９年８月のことである。ガラン暗殺の数日後に容疑者が幾人も逮捕されたが、結局、真相が解明されないままで放免された。ガラン暗殺の「この恐るべき無処罰決着は、政官界の闇の深さが、ガイタン暗殺事件当時と変わっていないことを物語り、（政府の）麻薬戦争がどこまで真剣なのか、強い疑念を残した[6]」。

「ガランは、我々の救済の鍵は〈倫理〉にあると主張していた。腐敗政治がコロンビアの深い不幸の原因であると繰り返し述べていた。私は彼の言う通りだと思っていたが、当時私は30歳にもなっていず、政治の経験をもたなかった。現在、私は彼の闘いを引き継ぐ覚悟だ。暁のかすかな光さえ見ないで死んでいったすべての人たちの名において」とイングリッド・ベタンクールは後に、大統領選立候補の決意を語っている。

１９９０年１月、イングリッド・ベタンクールは夫と子供を置いて、ひとりでボゴタの母の元に帰

［4］ 伊高浩昭『コロンビア内戦：ゲリラと麻薬と殺戮と』論創社、２００３
［5］『誘拐』１９９６／旦敬介訳、角川春樹事務所、１９９７
［6］ 伊高浩昭、前掲書

った（一年後に夫はボゴタに赴任し、子供たちを連れて来た）。母親は上院議員に立候補し、イングリッドはその選挙運動を手伝う。こうして彼女はコロンビアの生活に入っていき、その実情を学び始める。「新聞で毎朝見る政治家たちの顔は、度量がなく、理想もなく、ただ、権力と金に取り付かれている顔ばかりだ。」

母が上院議員に当選した後、友人の紹介で財務大臣の側近として勤務するようになる。エクアドルとの国境近くの太平洋沿岸地域開発計画の作成を命じられ、同僚と現地の視察に出かけた。首都からの交通事情の悪さ、水道がないため下痢で死ぬ子供、貧しい村民、注射針が錆びている医療施設。村民は政府に何も期待していない。「国家はあなた方に最小限の援助をする義務があるのだからと強いて尋ねたら、彼らの唯一の望みは、病人をすばやく運べるモーター付きの小舟だった。」政府からの援助金は地方議員の懐に入ってしまい村民まで届かない、何事もセクハラやコミッションなしには事が運ばない。エビ産業、バナナやパイナップルの売買が行われているその地方で国の開発計画があるとなれば、近隣都市の議員たちの彼女ら役人への招待も絶えない……

こうして彼女が苦労して練り上げた開発プランは、あっという間に、時の開発大臣サンペールに横取りされ、それればかりか、その大臣の政敵である大統領には握りつぶされた。コロンビアには有能な指導者が必要だと彼女は痛感する。「もっとも緊急に必要な、もっともあるべき闘いは、コロンビアにその名にふさわしい指導者をもたらすことだ。」

ガルシア＝マルケスの語る『誘拐』事件は、この頃、１９９０年11月に起こった。麻薬王エスコバルによるジャーナリスト10人の誘拐は、当時就任したばかりの大統領ガビリアの麻薬政策——麻薬業者の米国引き渡し——にプレッシャーを与えるのが目的だった。イングリッドは財務省での勤務の中で、煮え切らない大統領に不満を感じていた。「ガビリア大統領は、秘密のプレッシャーを受けていて、真の近代化を推進しようとしない。」

この頃、彼女はクララ・ロハスとめぐり会う。クララは弁護士の資格を取って役人になったばかりだった。この女性こそ後に、イングリッドに最も近い協力者として、彼女と同時にＦＡＲＣの人質となった人である（２００８年１月解放）。

１９９３年。33歳のイングリッドは大臣顧問としての仕事の限界を感じていた。「我々はテクノクラートにすぎない。真の力は政治家にある。」「ピラミッドの頂上を変えなければ絶対に何も変わらない。」彼女は下院議員選挙に立候補する決心をした。必要上自由党の公認は得たものの、後楯もなく、選挙費用もなく、党の後押しもまったくない立候補である。この時クララ・ロハスとの強い協力関係が生まれる。２人は公務員の職を擲って政治に入っていった。「クララと私はモラル上の契約を結んだ。共にすべてをかけること。」今日のコロンビア人は腐敗した代議士たちを前にして無力感に陥るばかりだ。だが私はそれが宿命でないことを示したい——「票を金で買うことなしに政治ができることを証明したい。」政治家たちは当時、麻薬王エスコバルに、のちにはカリ麻薬組織のボス、ロドリゲス兄弟に買収され、牛耳られていたのである。

１９９３年12月、麻薬王エスコバル射殺——ガビリア大統領は、麻薬マフィアの米国引き渡しを自首した者には適用しないとして、エスコバルに自首させて逮捕し、国民を喜ばせた。そして形ばかりの「監獄」、実は本人自前の豪邸に住まわせて、以前通りの麻薬密売やテロ活動を黙認していた。これが大統領と麻薬王との「秘密協定」である。だがエスコバルが手におえなくなった時、秘密協定がばれるのを怖れた大統領は彼を「脱獄」させたあと、もうひとつの麻薬組織カリ・カルテルや国家警察に殺させたのだった。この作戦には米国麻薬取締局や米軍部隊も参加していたという。[7]——大統領代理、検事総長、国家警察、それに麻薬マフィアが一つテーブル——悪魔のテーブル——について、エスコバル殺害を共謀した。「私が見聞きした妥協策の中で、この会合ほど私にとってマフィアに蝕まれたコロンビアの病の重さを象徴するものはなかった。」イングリッド・ベタンクールはこのエスコバル殺害のいきさつを、それに参加したカリ・カルテルのボス、ロドリゲス兄弟から一年後に直接聞いて『それでも私は腐敗と闘う』の中で語ったのである。これを伊高浩昭氏は「重大な暴露」と形容している。[8]

1994年始め、イングリッドは下院選挙の運動を開始した。それはエイズ流行の時代で、彼女は街角でコンドームを配って「腐敗から身を守りましょう」と訴え、話題を呼んだ。テレビの人気スターからインタビューを受けた彼女は、問われるまま5人の腐敗政治家の名前を挙げたが、この番組の終了5分後に電話が鳴った。エルナン・エチャバリア、かつて財務大臣でもあった大企業家で、広く尊敬を受けている人物である。選挙費用にいくらいるのだと問われて当惑した彼女は、「メチャクチャな」金額を口走った。500万ペソ。だが翌日小切手は届いた。こうして彼女は最低の選挙費用で、しかも自由党最高のスコアで当選する。「私はコロンビア人としてのアイデンティティーを取り戻すために、私生活の不幸という危険を冒した。コロンビアは私を大手を広げて迎えてくれた。そして私の家族も、愛と忠実と協調とをもって駆けつけてくれた。」

彼女の当選の数日後、コロンビアは大統領選を2ヵ月後に控えていたが、自由党の大統領候補サンペールが電話してきた。倫理要綱作成委員会に参加しないかという誘いである。もちろんこの倫理要綱作成は彼の選挙運動の一環であり、彼女は利用し得る最適の人物であった。委員10人が公表されたが、2回目の会議には2人しか出て来ない。結局イングリッドはひとりで一ヵ月かけて「倫理要綱」を作成した――党公認候補者の選挙資金の透明性が要求され、違反者には罰則も厳しく、党からの除名も謳われている。これをサンペールは読みもしないで自由党の倫理要綱として発表した。当時サンペールをインタビューした伊高浩昭氏は、「彼は分厚い資料を示しながら……、コロンビア大統領選挙史上初めて〈倫理要綱〉を発表したと誇らしげに言った。これは選挙戦中に麻薬資金が入り込むのを防ぎ、政権に就いてからは政府当局者の腐敗を許さないという公約だった」と語っているが、この数ヵ月後にはサンペールが多額の選挙資金を麻薬マフィアから受け取っていた事実が暴露されることになる。伊高氏は「あろうことかサンペールは、〈倫理綱領〉を片方の手で掲げながら、もう一方の手でカリ・カルテルから巨額の秘密献金を受け取っていたのだ!」と驚嘆している。[9]

［7］［8］ 伊高浩昭、前掲書

1994年6月サンペールは大統領に選出された。その2日後に彼の秘密献金スキャンダルが暴露されるが、この一件は後にこれを究明しようとするイングリッド・ベタンクールとその子供を死の危険にさらすことになる。だがそれを語る前にまず、誕生したばかりの政府の元での、下院議員イングリッドの初陣を見ることにしよう。彼女の敵はもちろん、政界の腐敗である。

当時、イスラエルのライフル銃「ガリル」の生産工場購入契約があった。それは関係者に莫大な賄賂をもたらすという。イスラエルではもう使われなくなった銃が、高額でコロンビアに売り飛ばされるのだ。また砂漠用につくられているこのガリル銃は、湿気のあるコロンビア熱帯気候では故障する。しかもドイツやフランスや米国製の最新の銃よりも高く支払われるという。彼女を含む4人の若い下院議員たちが捜査を始めた。新大統領サンペールの国防相フェルナンド・ボテロ、彼の父は有名な画家・彫刻家ボテロでイングリッドの両親の友人であるが、この大臣ボテロは彼女に協力すると見せかけながら、裏でメディア操作を図った。新聞の論調がある時急に変わり、4人の若い議員たちは競争業者に操られている、イングリッドは米国銃器メーカー「コルト」のコロンビア代理人である友人から選挙資金を得ていた、といった中傷があらわれた。

1994年9月、彼女は議会で、証拠書類を手に「国家の腐敗」を国民に示した。しかし契約は維持され、賄賂は分配された。そして購入された工場は結局、1台のライフル銃も生産しなかった。3人の高官が汚職罪に問われただけで、新聞は軍も政府も批判しようとはしなかった。国防相ボテロのやり口に憤慨して彼女の捜査に協力したフランス人武器商人は、自家用ヘリコプターの墜落「事故」

で死んだ。また国は、彼女が下院選挙中に武器商人と往来した疑惑があるとして捜査を開始した、とジャーナリズムを通じて公表した。いやがらせである。邪魔者の排除のためにはどんなことも辞さない国家の恐ろしさと、世界中に独立を誇っているジャーナリズムの実像を目の当たりにした、と彼女は語っている。

さて、新大統領の秘密献金スキャンダルに話を戻そう。大統領選でサンペールに敗れたパストラナ（4年後に大統領になる）は、選挙の2日後このスキャンダルを、米国警察から受け取っていたカセットを公表して暴露した。サンペールはカリ・カルテルから620万ドル（当時の約6億7000万円）受け取っていたと言うのだ。しかしこの話はあまりに想像を絶しているため、当初はイングリッド・ベタンクールも信じなかった。その上、麻薬王エスコバルの死によって麻薬テロから解放されたばかりの国民も、信じたがらなかった。

1995年始め、彼女は治安問題——麻薬マフィアのテロにたいする国の姿勢やエスコバル殺害など——を国会で取り上げていた。ある日カリ州庁での会合に出かけて行ったら、そこにひとりの男が訪ねてきて、伝えたい情報があるからすぐに、誰にも告げずに一緒に来てほしいという。彼女と同僚2人はその申し出を受け入れた。彼らが車に乗り込むと、車は方向感覚を失わせるためにあちこちをぐるぐる廻った挙げ句、地下のパーキングに着き、ついで彼らは小さな部屋に通された。しばらくし

［9］ 伊高浩昭、前掲書

て現れたのはカリ・カルテルのボス、ロドリゲス兄弟である。ここで彼女は、エスコバル殺害のいきさつを知る。エスコバルとの秘密協約がばれるのを怖れた大統領が、検事総長と国家警察と共に、エスコバルを仇敵と狙うカリ・カルテルと共謀した事実を告げられたのである。カリ・カルテルはエスコバルを射殺する10人ほどの精鋭狙撃兵の一人ひとりに100万ドルを約束し、約束を果たしたという。また、エスコバルの居場所を探索する高度な情報技術の費用も彼らが負担した。「エスコバルの死は国中で祝われ、ガビリア大統領と警察の功績と見なされていたのだが、我々はこの時、またしても我々国民がまったく騙され、操られていたことを知らされた。もっとも恐ろしいマフィアにたいする勝利を、我々は自分たちの制度の力で得たのではなく、別のマフィアグループの力で得たのだった。」

このエスコバル殺害における麻薬マフィアと前大統領との結託は、同マフィアと現大統領との結託に発展したのだ。エスコバル同様ロドリゲス兄弟も一族の安泰を願って、任期の終わりつつある大統領とではなく、次期大統領候補者との「秘密協定」を望んだのである。自首すれば米国には引き渡されない、そうすれば数年後には監獄から出て一族と安楽に暮らせる、というのが彼らの計算であった。そしてその見返りが秘密献金だった。

この関係に気づいたイングリッド・ベタンクールは、ロドリゲス兄弟に「それで、サンペールの選挙にはいくら払ったの？」と尋ね、虚をつかれた彼らは「120億ペソ」と吐いた。やはりサンペールは秘密献金を受けていたのだ。それればかりかロドリゲス兄弟は、自分たちが警察の大部分を手中に収めており、さらに100人ほどの下院議員と上院議員の半数を買収していると打ち明けた。100

人の下院議員とは過半数を意味する。つまりマフィアは、コロンビアの警察と司法機関をも牛耳っているのだ。「本質は、マフィアが国家の全制度を支配しているということである。立法の殿堂である下院から、法を護持する司法、警察まで。コロンビアを絞め殺すこの悪循環を断ち切るためには〈麻薬マフィアの〉米国引き渡ししかない、と私は考えた。ガランはそれを知っていたのだ。彼はマフィアの米国引き渡しのために闘っていた。それで殺されたのだ。」

1946年から10年間続いた激しい内戦「ビオレンシア」は、広く民衆の支持を得ていた大統領候補ガエタンの殺害に象徴されるように、二党体制の枠外の勢力の出現を意味している。だからこそ、米国のジャーナリストG・リーチは米政府のラテンアメリカ共産主義にたいする恐怖の源をボゴタ暴動（1948年）に見るのだ。だからこそ1957年、2つの党は「国民戦線」で団結するのだ。[10]ビオレンシアを生き延びた二大政党は寡頭体制を存続させるために広範な地域の無法状態を〈意図的に〉維持した。国土の60パーセントのこの無法地域に〈群雄割拠〉するのがゲリラ、麻薬組織、極右準軍組織である。「ビオレンシアは寡頭体制を打ち破れないまま、複雑な〈低強度内戦〉〈激烈な戦闘が恒常的でなく断続的に起こる内戦〉に変質していく。」そしてこの「〈低強度内戦〉が長期化した大きな原因のひとつは、コカイン資金による司法・行政・立法の三権の腐敗である」[11]。コロンビアに平

[10] 本書「コロンビアの歴史」参照。
[11] 伊高浩昭、前掲書

和をもたらすには、この腐敗をこそ打ち破らなくてはならない――これが、ガランの思想を引き継いだイングリッド・ベタンクールの使命であった。

1995年春から翌1996年末まで、現職大統領サンペールの汚職疑惑は、その捜査と一連の起訴「第8000号裁判」を背景にして、カリ・カルテルのボスたちの自首、大臣の辞職、国防相逮捕へと発展し、麻薬マフィアのメンバーや内務相の運転手、そして保守党重鎮など合計5人が次々に暗殺されていった。関係者の自白により秘密献金の事実を否定できなくなった大統領は「しかし自分は知らなかった」と言って責任を逃れようとした。下院調査委員会が〈証拠不十分〉として調査を打ち切ったため、逮捕されたままで切り捨てられると感じた国防相ボテロは、大統領が「知っていた」という事実を前代未聞の「監獄内」テレビ中継で暴露した。窮地に立たされた大統領は、身の潔白を明らかにするために、下院での弾劾裁判を要求した。下院議員の過半数には麻薬マフィアと彼の息がかかっているから、彼の目論見は成就するはずである。

イングリッド・ベタンクールはこのカラクリを打ち破って、コロンビアがならず者で犯罪者の大統領をもっていることを国民にはっきりと示さなくてはならなかった。彼女は国会内で2週間のハンガーストライキを行い、意識不明に陥って病院に運ばれている。そしてクララ・ロハスと共に「第8000号裁判」の複雑で厖大な資料を入手し、解読を始めた。そこには秘密献金を証拠だてる資料を見つけることができる。こうして彼女は、弾劾裁判での証言を準備していた。

1996年6月始め、弾劾裁判の10日ほど前に彼女は、子供の惨殺死体の写真の入った脅迫状を受け取った。翌日、子供たちをパリに発たせる。「この子供たちの出発は、私の女としての、母としての生活における最初の警告であった。初めて、私の政治活動が切実な形で家族に及んだ……以後私は、自分の公の活動が、自分にもっとも近くもっとも大切な人たちの存在を根元から揺るがす危険をもっていることを無視できなくなった。」

1996年6月11日、弾劾裁判。「私は、国民を冷酷に騙したリーダー、コロンビアを翻弄したリーダーのお話を、自分自身の無邪気さを語るかのように、娘や息子に説明するかのように物語った。」「間もなくここにいる議員さんたちは大統領無罪の判決投票をすることでしょう。なぜなら、大統領を救うことによって彼らは自分を救うのですから。」「我々コロンビア人は、予め筋書きの決まっているお芝居の無力な見物人なのです。我々の国は今、深淵に臨んで死に瀕しています。しかしいつの日か、我々の幸せへの希求が、長いあいだ我々を捉えてきた死への目くるめく誘惑に打ち勝つ時の来ることを、私は信じます。」「この時、コロンビアの議場で不思議な、異様なことが起こった。私が席に戻るあいだ、沈黙が続いたのである。それは感動的な、茫然自失の沈黙だった。あれほどたやすく荒々しくなる人たちが、一瞬、まるで打ちのめされたかのようだった。保守派の席の幾人かは立ちあがって私に握手した、一言もなく、呆然と、麻痺したようになって。」

この日の夜、サンペールは111票対43票で公式に無罪となった。

1996年7月20日、夜の帰宅途中、彼女の車が襲撃されたが、運転手の機転で危うく逃れる。だが誰にも言わない。子供と別れたくないからだ。「私は国のためすでに大きな犠牲を払ったけれど、まだ家族との生活を犠牲にする気にはなっていなかった。」そして彼女は恐怖に脅かされながら、サンペールの有罪を証明する本を書いた。

「下院議員たちが流産させたサンペール〈裁判〉が、にもかかわらず、我々の歴史に刻印されるために、コロンビア人が自分たちにたいしてなされた侮辱を忘れないために、私は書いた。」「全体主義体制がどのように歴史を書きかえるかを私は（学生の時）エレーヌ＝カレール・ダンコースの講義で学んでいた。好都合な集団的記憶喪失。我々が臆病な安堵感をもちたいと願ったら、それで我々は終りである。彼らが私を殺すのならその前に私がやるべきことは、この最後の大衆操作、この究極の屈辱を妨害することしかない。私はもはやほとんど外出しない。家に立て籠って、昼も夜も、熱に浮かされたように書いた。この本に存在してほしいという狂気じみた希望に囚われて。あたかもこの本がコロンビアの救済を保障するかのように、そして私の家族、メラニーやロレンソの救済を保障するかのように。なぜか？　かくも弱く傷つきやすい子供らをこの本がどのように守ってくれるのか？　それを私は言うことができない。しかしこの深い直観、確信、果たすべき義務という思いが私に執筆を続ける力を与えてくれた。」

1996年12月、著書『Si Sabía（確かに、彼は知っていた）』がボゴタで出版された。その直後彼女は死の通告を受ける。ある日見知らぬ男が仕事中の彼女を下院議会に訪ねて来て、「これはもはや脅迫ではなく通告です。殺し屋は雇われました。国外に逃げて下さい」と言ったのである。翌朝、彼女は子供たちを前夫の赴任するオークランドに連れて行き、2ヵ月帰国しなかった。そして以後19

98年夏までの一年半、子供と離れて暮らすことになる。「私を殺そうと決めた人たちがなぜ、使いをよこして私にそれを知らせて来たのか？――心の奥底で、彼らはおそらく私の死を望んでいないのではないか、彼らは逆に私が存在することを、様々な事情にもかかわらず私が存在することを望んでいるのではないだろうか。あたかも、彼らがその成立に一役買っているこの悪夢の世界に、私のような種類の人間が生き延びていることが、彼ら自身について、また、彼らの孫のために彼らが夢見る世界について、彼らを安堵させるかのように。」

1997年、腐敗した国家は威信を取り戻し、有罪の代議士たちも合法的に返り咲いていく。「初めて私は自分の闘いの存在理由について自問した。こうして自問するのは、私がすでにこの闘いのためにすべてを犠牲にしたからである。だが、どんな利益を得ることができたか？　私の犠牲でコロンビアは何を得たというのか？　コロンビアは明らかに深淵に転落しつつある。それを救おうとして私は、むしろ自分がコロンビアの不幸に引き込まれていくように感じた。」「なぜ、家族一緒の大きな幸せをほうりだしたのだろうか？　政治を改革するため？　進むべき道を示すため？　でも私は何も改革しなかった。権力はあいかわらず同じ人間の手にある。まるで私が何もしなかったかのように、何も言わなかったかのように、何も書かなかったかのように。私は打ちのめされて、どうしてよいか分からなかった。」

1998年3月、自由党を去って、「緑のオクシヘノ（酸素）党」創立。上院議員に立候補。全国キャンペーン。彼女は他の政治家のように票を金で買わない。「私は何もプレゼントしない、Tシャツもサンドイッチもプレゼントしない。ただ約束だけ。希望の言葉だけ。言葉、ただ言葉だけ。でも、もし私に子供を育てるだけのお金がなかったなら、私だって、わざわざイングリッド・ベタンクールの話を聞きになど出かけていくだろうか？　仕事や家族の食事と引き換えに、投票しないだろうか？　夜になると私は誰も信じられなくなり、自分自身が信じられなくなることがあった。」

開票の日。20分の停電のあいだに4万票が盗まれる。にもかかわらずトップで当選。

2ヵ月後には大統領選が控えている。彼女が当選した翌日、大統領候補のパストラナ（保守党）が協力を提案してきた。もし彼の党が腐敗政治の抜本的な改革を約束するならば我々「緑のオクシヘノ党」は協力する、と彼女は回答した。

1998年5月、大統領選開始の一ヵ月前、両党は、パストラナが大統領に選ばれたならば、その100日後に行うべき10の改革項目と、それを国会が認めない場合は国民投票に訴えるという約束を明記した協定書に、ジャーナリストとテレビ・カメラの前で署名した。

イングリッドの新しい夫はパストラナの古い友達。イングリッドはパストラナの兄の親友。この兄はパリで優秀なジャーナリストだった。彼らの父ミサエル・パストラナ（元大統領）はイングリッドの父親の親友である。イングリッド・ベタンクールが語るコロンビアの政治は、幼なじみの仲良し同志が校庭で大真面目に陣取りごっこをやっているような印象をしばしば与える。

1998年6月、決選投票でパストラナが45万票の差で大統領に当選。彼女の党の協力が功を奏したのは明らかだった。だが議会は改革案の骨抜きを図り、パストラナは9月、緊急の非公式会議で、国民投票を要求する彼女に向かって「国民投票は行わない」と怒鳴った。彼女は彼を、知性がなく、コンプレックスいっぱいで、父親のお陰でテレビのジャーナリストになった後ボゴタの市長の地位を手に入れた、出来の悪い息子、公約を果たす力もないこんな男に、コロンビアは4年ものあいだ国の運命をまかせるとは、と唾棄している。「その夜、私は……怒りに震えて泣いた。今までこれほど泣いたことがないほど泣いた。……それは私の生涯でもっとも苦しい政治上の裏切りのひとつであった。彼の裏切りから、将来自分が大統領にならなくてはならないという確信が生まれた。」この時、つまり1998年9月に、「腐敗」問題はコロンビア政治の舞台の前面から、姿を消した。

腐敗が内戦長期化の大きな原因のひとつであるならば、内戦そのものの原因はどこにあるのか？それはビオレンシアの奥底から生まれたFARC——寡頭体制の枠外の勢力の現在まで生き延びた形——のコロンビア支配層を脅かす力に求められるべきであろう。

一方、新自由主義がコロンビアに到着したのは1990年であると言われる。イングリッドがコロンビアに帰って来た年だ。だがすでに1989年、大統領バルコは麻薬戦争の支援を米国にあおぎ、同時に、IMF（国際通貨基金）の圧力のもとでコロンビア経済開放政策を始めていた。1990年からのガビリア大統領下では、国内産業の保護体制が廃止され、関税や貿易障壁が減ぜられるか廃止されるかした。公共企業が民営化され、海外投資による利益還流が自由化された。1991年には金融市場も開放され、これにより金融と通貨交換政策がもはや国家によって決定されるのではなく、国際金融状況に依存することになった。コロンビアの石油埋蔵に期待して、大規模な資本が流入した（しかし100パーセント還流する）。貿易収支は1991年の23億ドルの黒字から、1994年の24億ドル赤字へと転落した。ガビリア政権（1990―1994）は大量の失業者を生み出す道を開いた。[12]

メキシコのサパティスタ民族解放軍が蜂起したのは、1994年1月1日、北米自由貿易協定（NAFTA）の発効日である。この協定が謳う貿易関税撤廃は貧しい農民にとって死刑宣告に等しい。すでにメキシコ南部では先住民を一掃する大規模な強制排除計画が進みつつあった。「農村部の極貧層は、過去10年間の（新自由主義）経済改革の中で、（総人口の）3分の1までに増大した。……IMFを調べると、そのラテンアメリカにおける〈安定プログラム〉のもとでの〈利益における労賃シェアの減少という強い恒常的なパターン〉が見えてくる、とエコノミストM・ポスターは述べている。[13]」

コロンビアでは1997年から1998年にかけて――イングリッドがサンペール大統領やパストラナ大統領と格闘して苦い経験を積んでいた時――、製造業製品の大規模な輸入により5000の小規模企業が閉鎖された。資源は下層コロンビア人の手からエリートと多国籍企業の手に渡った。1990年代末、海外債務345億ドル、経済成長率マイナス4・9パーセント、失業率20パーセント。コロンビアは深刻な不況に見舞われていた。1999年12月、絶望的な状況にあった政府は27億ドルのIMF貸付けを取り決め、それと引き換えに、海外投資家に有利なIMF政策を適用した。[14]

「1999年までにコロンビア経済は過去半世紀以来最悪の状態になっていた。コロンビアの政治・経済エリートにとって、それよりもさらに心配だったのは、地方の左翼ゲリラグループの軍事力が増加したことであった。40年以上の反乱の歴史で初めて、コロンビアの反抗分子は、誘拐や爆破などにより、コロンビアの都市エリートを深刻に脅かす存在となったのである。[15]」

パストラナ大統領は、イングリッド・ベタンクールが追求していた腐敗政治改革とは別の問題を抱えていた。彼はゲリラ諸勢力との和平交渉を公約に掲げていたのだ。「平和」はコロンビア国民の最大の関心事である。パストラナは大統領立候補中にＦＡＲＣの最高司令官マルランダと和平に関して会見し、合意のあった事実が公表されていた。また大統領に選出された一ヵ月後にも彼はマルランダと会談し、それを大々的に報道していた。イングリッド・ベタンクールはこれを、基本的な施策のない単なる「メディア作戦」と決めつけている。この時パストラナは、和平交渉の条件として、ＦＡＲＣ支配地域からの治安部隊撤退を約束した。その３ヵ月後の１９９８年11月には治安部隊の撤退した

[12] Anne Montgomery：《Globalization and 'free' trade in Colombia》, *Colombia Journal*, 2001. 益岡賢のページ「コロンビアにおけるグローバル化と〈自由〉貿易」２００２
[13] Noam Chomsky：The Zapatista Uprising, *Black Flag*, n. 205, 1994.
[14] Anne Montgomery. 前掲資料
[15] Garry Leech：《Colombia's neoliberal madness》, *Colombia Journal*, 2003. 益岡賢のページ「新自由主義の狂気」２００３

「非武装地帯」が設定され、翌1999年1月から和平交渉がその地帯内で開始された。

その4ヵ月後の5月、パストラナ大統領は「社会再生開発総合計画」を発表した。この計画の目的は国土全体への実効支配の確立である。この計画は、内戦終結、麻薬産業撲滅、法治体制の強化、地域開発を4本の柱としている。「大統領の理想は、独立後200年となる2010年～2020年の期間に実効支配を全土に広げることだった。[16]」寡頭体制の枠外の勢力を排除すること、今まで放置してきた無法地帯――それはインディオの住む地域でもある――を奪回・収奪すること、安全で自由な経済活動を脅かすゲリラを排除して「地域開発」を可能にすること……

これと時を同じくして、アメリカのジャーナリストG・リーチは「コロンビア・ジャーナル」で、コロンビアの50年来の内戦を跡付けたあと、「この矛盾を平和裏に解決する可能性はひとえに、政府が、準軍組織を解体して、政府とゲリラとの交渉のための環境を作り出す事ができるかどうかにかかっている。その時、その時初めて、矛盾の政治的、社会的、経済的原因に取り組むことが可能になるだろう」と述べて、和平への見通しを論じている。[17]

だがパストラナの鳴り物入りの和平交渉には、寡頭支配層や軍や準軍組織が反対し、FARCへの攻撃とFARCの反撃は熾烈化していた。

他方クリントン政権は8月に上記「計画」の具体的政策を策定するよう要請し、それに応えて9月、パストラナ政権は「コロンビア・プラン」を発表した。この時すでに、FARCとの和平交渉は、F

ARCの殲滅戦略に変わっていたのだろうか。これに先立つ2、3ヵ月のあいだ、FARCと軍および準軍組織とは激しく衝突して多くの死者を出し、パストラナは「平和を望むが、戦争準備もある」、和平交渉を無期限延期する、と発表していた（7月）[18]。和平信奉者だった有名なテレビ・コメディアンが暗殺されてもいる（8月）[19]。12月、IMFはコロンビアに27億ドルの貸付けを決定。翌月（2000年1月）にクリントン政府は、13億ドル援助する意志ありと発表した。

2000年7月に「コロンビア・プラン」は発効した。同月G・リーチはこのプランを分析している。彼によれば同プランの目的は、その副題が示すように「平和と繁栄と国家の強化」であるが、それは「政治経済的エリートのための平和、政治経済的エリートのための繁栄、政治経済的エリートがコントロールする国家の強化」である。「国家がめざす基礎的な目標は、現在約40パーセントがゲリラ諸組織の支配下にある国土全体の統制を獲得することである。この目標をコロンビア・プランは、コロンビア南部にいるFARCにたいして軍事攻撃をかけ、同時に、その地域で増大したコカ栽培を根絶させることによって達成しようとしている。」「コロンビア・プランの意図はFARCを排除する

[16] 伊高浩昭、前掲書
[17] Garry Leech：《Fifty years of violence》, *Colombia Journal*, 1999, 5. 益岡賢のページ「暴力の50年」2000. 仏訳：2004, 6.
[18] 松本頌サイト「ラテンアメリカの政治、コロンビア年表」
[19] 伊高浩昭、前掲書

ことにより、コロンビアの歴史を通してコロンビアのエリートと外国事業の極めて潤沢な利益に奉仕してきた政治経済的現状を維持することである。」「プランの経済政策は、政府の公共投資をカットする一方で、コロンビアの市場と資源とを海外の投資家に開くという新自由主義を採用している。」そして「米国援助（13億ドル）の約80％が軍と警察にあてられている。コロンビア・プランは平和のプランではなく戦争のプランである。[20]」

クリントン政権は米国の麻薬戦争をゲリラ戦争へと移行させた。ゲリラを「ナルコ・ゲリラ＝麻薬ゲリラ」と呼んで反抗分子と麻薬を結び付けたのはクリントン政権である。「これによりワシントンは、コロンビア社会を支配する政治・社会・経済的不平等に深く根差す50年来の紛争に、歪んだイメージを与えた。[21]」２００１年には新大統領ブッシュが、テロ戦争のコロンビアでの標的をＦＡＲＣと定めた。コロンビアでは、政府とＦＡＲＣとの和平交渉が中断や再開を繰り返していた。ＦＡＲＣは米州、欧州、日本など諸国の大使や国連代表、ヨーロッパ代表らを「非武装地帯」へ招いて支援を求める会談を催してもいる。[22]

このような状況にあった和平交渉をイングリッド・ベタンクールは『それでも私は腐敗と闘う』の最後で論じている。彼女によれば、「現在のところ和平交渉が実現する見込みはない」。なぜなら政府はメディア効果を狙うだけの弱腰で、他方ＦＡＲＣはこれを勢力拡張のために利用しているに過ぎないからだ。何の交換条件もなしにＦＡＲＣ支配地域の４２００平方キロメートル（日本の九州よりやや広い面積）から治安部隊を撤退し、これをＦＡＲＣに委ねることは彼女にとって政府の「統治権放棄」を意味する。また「ゲリラたちは政府指導者が和平交渉を選挙のために利用していることを、和平のための何の長期的展望ももっていないことを、完全に知っている。」彼女は当時すでに悪名の高かったコロンビア・プランについては一言も触れていない。しかし、政府もＦＡＲＣも和平交渉の裏で戦争を続行し、自己の最終的勝利を信じて戦争状態を維持していることを知っている。和平交渉が双方にとってジェスチャーでしかないことを知っている。「皆が嘘をついている。そして皆がそれを信じている振りをしている。」

しかしこの時（２００１年、ゲリラ＝テロリスト殲滅戦争がすでに始まっていた時）なお彼女は、真の「平和」の可能性を論じているのだ。彼女はコロンビア人が暴力、誘拐、貧困に喘いでいることを知っていたからである。「真に平和を望んでいるのは、毎日身内の遺骸を埋葬している一般民衆である。」そして「平和に達し得るには、緊張を真に緩和する努力がなされなければならない。」そのために彼女は国家とＦＡＲＣの双方に対して要求を掲げた。すなわち、国家は腐敗のない、堅固な国家でなければならない。「右翼の自警団（ＡＵＣ）[23]と距離をもつようにならない限り、ゲリラと正当

[20] Garry Leech:《Plan Colombia, A closer look》, *Colombia Journal*, 2000. 益岡賢のページ「コロンビア・プラン概説」２００２
[21] Garry Leech:《Fifty years of violence》前掲資料
[22] 伊高浩昭、前掲書

に交渉することはできない。そうでなければ国家は、人権と民主主義の再建を論議する正当性をもち、国民の信頼を得ることはできない。」他方ゲリラは、「麻薬と何らかの関わりを維持している限り、社会的理想を主張することはできない」。またこの1年後の2002年2月に彼女は、FARCの幹部を前にして、和平実現のために「誘拐を止めて、国民の信頼を回復するよう」求めている。[24] それは政府もFARCも、3年間続いた和平交渉の決裂を見越して、そのための準備をしていた最中であった。

この発言の1週間後に和平交渉は決裂し、10日後にイングリッド・ベタンクールはFARCに拉致された。拉致されてから1年半後にFARCが届けてきたビデオで、彼女は次のように述べている。

「長期的な視野での平和を考えてください。直接的な利害ではなく、(普遍的な)価値を考えてください。なぜなら、我々の平和はそのような価値の上に築かれるものだからです。」

「そのような価値」とは何であろうか。『ママンへの手紙』で彼女は、人間の生と自由を挙げている。「私は、偉大さへの希求がいつの日か人々を無から立ち出でさせ、太陽へ向かって歩ませることを願っています。我々の家族や同朋の生と自由をいかなる譲歩もせずに擁護する時、言いかえれば、我々が個人主義を抑制して連帯を深める時、その時にこそ我々は我々の望む偉大な国民になることでしょう。その偉大さはここ我々の心の中に眠っているのです。しかし心は頑なになり、あまりにも重くなっているので、我々は自分の心情を高めることができないでいます。」価値とは「偉大さ」、「高められた心情」であるかもしれない。「精神を高めること」、「意識の目覚め」であるかも知れない。

コロンビアのテレビ・ジャーナリスト、オルマン・モリス(Hollman Morris 40歳)はここ10年来、コロンビアの暴力とその犠牲者の姿を取材して番組「流れに抗して（Contravia）」で報道している。彼は国外で多くの国際賞を受賞しているが、国内では死の脅迫を受けて幾度も、家族とともに国外への一時退避を余儀なくされている。「私にとって（死の危険から逃れるための）もっともたやすい道は沈黙であろう。しかし私は、人間の偉大さとはそんなものではないと確信する。……将来私の子供たちは、どうして自分たちは普通の家庭生活ができなかったのかと尋ねるだろう。そのとき私は、おまえたちが私の生きた困難な時代よりももっと良い時代に生きられるように、正義ある民主主義的な国に生きられるようにお父さんは働いていた、と答えようと思う。[25]」夫を武装グループに連れ去られた農夫の妻を取材する彼は、「彼ら（農民は）恐怖に慄いている。私も（死の脅迫を受けて）怖がっている」とつぶやく。コロンビアでは現在、毎日、武装グループに殺されて、5人、10人、20人とまとめて土中に埋められた人たちの遺体が掘り起こされているが、2人の息子の遺体が土の中から出てくるのを傍らで待っている母親は彼の取材に答えて、「息子たちのお墓をつくりたい」と、自分に残

[23] コロンビア自衛軍連合。地方のほとんどの準軍組織を傘下に収める準軍組織の上部組織。1997年に結成され激しい暴力をふるった。2002年にウリベ政権との交渉を通じて武装解除を開始したが、実質的には、再組織に向かった。
[24] 2002年2月14日、「非武装地帯」の町ロスポソスで、FARCの要請に応じて大統領選立候補者3人が、FARC幹部の前で、テレビ実況放送のもと、各自の基本路線を開陳した。
[25] Le Courrier 紙、スイス、2008, 4, 26.

された唯一の願望を語った。「将来、死人たちがしゃべり始める時、コロンビア社会はジャーナリストに釈明をもとめるであろう。そのとき私は恥かしい思いをしたくない。」[26]

イングリッド・ベタンクールは自己のアイデンティティーを求めて、外国での生活からコロンビアに帰っていった。しかしそのためにはコロンビアがアイデンティティーを持っていなくてはならない。彼女の闘いはコロンビアに共同体を、アイデンティティーをもたらすための闘いであったと言うことができよう。「我々はいまだに、我々のオリジンについて、我々が何者であるか、我々は何処へ行くのかを考えなくてはなりません。」米国やフランスの「国民」を挙げて彼女は、『ママンへの手紙』の中で、コロンビア共和国が「偉大な国民」へと生まれ出る日を期待している。

だが、「我々が幸せになる事はけしてないだろう」とボリバルは言ったという。この言葉を引くガレアノは1971年すでに、あるいはなお、ラテンアメリカ人の「オリジン」の再発見の困難さを語っている。それは、「ラテンアメリカには、植民地システムによる根本的歪曲によって亀裂が入って」いるためであり、また、寡頭支配者たちはヨーロッパや米国におけるような「活発な国家資本主義」も「国家的統一」も生まず、豊かな大地から吸い取ることのできる資源を私有するだけで何ら生産せず、諸外国の資本主義の道具にしかならなかったからである。豊かな国ラテンアメリカは分裂したままである。「各国はその内部で、深い亀裂に、激しい社会的分裂に、広大な周辺的無人地帯と都会のオアシスとの間の解きがたい緊張に、苦しんでいる。自国の統一さえ実現できない国々が、どうして共同体を形成することができよう。ラテンアメリカは分裂したままである。」[27]あるいは逆に、ラテンアメリカの歴史を可能にする「〈統一〉は、破壊的経済にある」と言うこともできよう。[28]

イングリッド・ベタンクールが語るコロンビア人の生と自由と幸福は、アメリカ革命の精神——すでに旧大陸を逃れて移住して来ていた人々の、旧時代からの自己解放——を思い起こさせる。そして彼女が語る奴隷解放者リンカーンは、アメリカ南北戦争（北部のヤンキー工業主と南部のプランター紳士との間の戦争）を内戦としてではなく、モラル上の原則にかかわる闘いとして生きたアメリカ「国民」の精神的立脚点を想起させる。フランスについては、彼女は自由と正義と連帯の価値を語っている。彼女にとっての「政治」は、このような「価値」の実現を目指すものであった。彼女が「アンガージュマン」を語るのはそのためである。

しかし新自由主義経済と多国籍企業の跳梁する国土において、そのような価値は今やまったく力を失ってはいないだろうか。内戦の真っ只中で彼女が語る「平和」は、まったくの絵空事ではないだろうか。ならず者が牛耳る国家のもとで「指導者の魂」を語ることは、まったくの時代錯誤ではないだろうか。そしてアメリカやヨーロッパの「軍事的人道主義」や「人道的植民地主義」が威力を発揮する今日、もし人道主義《ヒューマニズム》が、「少なくとも17世紀以来ずっと、宗教や科学や政治から借用したある種の

[26] 映画 *Témoin indésirable*, Juan Jose Lazano 監督、スイス・フランス・コロンビア合作、2008.
[27] Eduardo Galeano. 前掲書
[28] Pierre Chaunu : Histoire de l'Amérique latine, PUF, 2006.

人間観に立脚せざるを得ず」、その「人間観を彩り正当化するのに役立つ」だけの「柔軟すぎる、確かさのない[29]」主義であるならば、苦しむ人々を救おうとするイングリッド・ベタンクールの立場は、「先進国」の虚偽に荷担することにならないだろうか。

だがコロンビアの現状を知るならば、コロンビア人がどんなに平和を、生を、幸福を望んでいるかは誰もたやすく理解できる。コロンビア人にとってこれらの価値が単なる抽象的な言葉ではないことを、誰も疑うことはできない。イングリッド・ベタンクールはこれらの価値を、ヨーロッパ人やアメリカ人とではなく、不幸なコロンビア人と共有しようとしていたに違いない。彼女はコロンビア人の希求を言葉に表したのに違いない。

コンキスタドールの息子ボリバルは、すでに19世紀、統一ラテンアメリカの夢と「大コロンビア」崩壊の現実との間で「迷宮」に迷い込んだようである。それは、「我々はヨーロッパ人でもインディオでもない」と言ったコンキスタドールのアイデンティティーの迷宮でもあったのではないだろうか。もしそうならば、コンキスタドールの娘イングリッド・ベタンクールの闘いは、21世紀、あらゆるものを商品化し空洞化する「メディア化」に抗って、「価値」それ自体の歴史の迷宮に迷い込まないでいられるだろうか。

［29］ Michel Foucault :《Qu'est-ce que les Lumières ?》, 1984, *Magazine littéraire*, n. 309, 1993, 4.

ママンへの手紙——コロンビアのジャングルに囚われて

イングリッド・ベタンクール

（付録：イングリッド・ベタンクールの娘と息子から母へあてた手紙）

前書き――エリー・ヴィーゼル

この手紙を読んでください。よく読んでください。あなたに向けて発せられた声が、夜、あなたの眠りを妨げることでしょう。

ジャングルの中、暴力と憎しみの権化たちに囲まれた日常を、彼女は、簡単な言葉、しかも人の心を引き裂く言葉で語っています。

孤絶感、家族への思い、絶望にちかい恐怖。

閉じ込められ、苦痛に苛まれ、悔恨に悩まされ、政治家たちに見捨てられてあまりにも長いあいだ、遠い恐怖の闇にうずめられていた彼女はもう口も利けず、死んでいると思われていました。

彼女の獄吏たちは、彼女の知性と感受性を彼女から奪おうとしています。彼女を狂気に陥れて、彼女をさらに孤立させようとしています。

しかしイングリッド・ベタンクールは明晰な精神を失っていません。彼女は勇気に充ち、英雄的でさえあります。そして自由です。

そう、この自由の闘士は、「少なくとも欲望から自由であるために、何も望まない」と語っています。

しかし彼女の望みは単純で、しかも、とてつもなく大きいのです――獄吏たちや虐待者に妥協しないこと。野蛮な悪を前にしても、自己の尊厳を、人間への信頼を維持すること――。

彼女の人間性とあなたの人間性の名において、私はあなたが彼女の声に耳を傾けてくださるよう願います。

耳を傾ける――それはあなたにとっては、ほんのちょっとしたことでしかないかも知れません。しかし彼女にとっては連帯のメッセージ、心のこもったプレゼントなのです。

イングリッド・ベタンクールの手紙

以下の手紙は、２００２年２月23日以来コロンビアのジャングルにＦＡＲＣ（コロンビア革命軍）の人質として捉えられているイングリッド・ベタンクールによって、２００７年10月24日に書かれたもので、彼女の母ヨランダ・プレシオ、娘メラニーと息子ロレンソ、およびその他の家族に宛てられている。規則正しい筆使いで12ページにびっしりと書かれたこの手紙と、彼女を映したビデオと写真（本書口絵）とは、ボゴタで逮捕されたゲリラ兵士が所持していたものである。そのコピーがコロンビア政府からイングリッド・ベタンクールの家族に２００７年12月に届けられた。手紙はスペイン語で書かれているが、彼女の２人の子供、メラニーとロレンソがフランス語に訳した。

イングリッド・ベタンクールは１９６１年に生まれ、フランスとコロンビアの２つの国籍を持っているが、コロンビアの下院議員、ついで上院議員として、腐敗政治と麻薬密売業者にたいする絶え間なく勇敢な闘いを挑んでいた。人質として捉えられた時、彼女はコロンビア大統領選の立候補者であった。家族は、２００３年夏以来この手紙を受け取るまでの４年以上のあいだ、彼女の生死について何ら知らされていなかった。

コロンビアのジャングルにて、
（2007年）10月24日水曜日、8時34分
私の心にも似た、雨模様の朝。

私の大好きなママン、

毎日私は、自分に母のあることを神様にお礼を言いながら起床します。毎朝私は4時に目を覚まして、ラジオで「5時の道」[1]のメッセージをしっかり聴くために準備します。お母さんの声を聞き、お母さんの愛や優しさや希望への信頼や、私を一人ぼっちにしないための決然とした意志を感じて、私は一日また一日と希望を繋いでいます。毎日私は神様に、お母さんを祝福してくださるよう、お母さんを守ってくださるよう、私がいつの日がお母さんに恩返しができますよう、お母さんを自分の側で王妃のように大切にしてあげることができますよう、祈っています。再びお母さんと別れることがあるなどとは、考えるだけでも絶えられません。

ここは、太陽の光がほとんど差し込まない深いジャングルです。ここはしかし、愛情のない砂漠、連帯感のない砂漠、優しさのない砂漠です。だからお母さんの声は私を生に繋ぎ止める命の綱なので

［1］ラジオ放送。月曜から金曜までの毎日、朝5時から人質の家族のメッセージを放送している。

す。私はお母さんに頬ずりしたい、お母さんに抱きついてぴったりくっついてしまいたい。ママン、私はあなたに「もうけっして私のために泣かせたりはしない、この世ででも、あの世ででも」と言える日を夢見ています。ママン、私は神様がいつか私に、あなたが私にとってどんなに大切な意味をもっているかを証明する機会を与えてくれるように、私にあなたを守らせてくれるように、一瞬たりともあなたを一人にはさせないようにと祈りました。将来もし私が「自由」になるならば、私はお母さんが私たちと、私と、一緒に住んでくれることを願っています。ラジオのメッセージももういらない、電話もいらない。もうけして離れない。私はお母さんともう1メートルも離れるのは厭です。なぜなら、お母さんは私なしでは生きられない唯一の人だということを私は知っているからです。私は毎日、お母さんと一緒に暮らす希望にすがって生き延びています。そのためのどんな道を神様が示してくれるか、どんな風に私たちがそれを準備できるか、それは分かりません。ただお母さんに言いたいことはただひとつ、お母さんなしで私は今日まで（ここでの生活に）耐えることはできなかったということです。

お母さんは私の生活がどんなものか尋ねてくれます。（逃亡した）ピンチャオ[2]が詳しい話をしたことは知っています。私は彼を祝福し、お母さんにすべてを語ってくれたことに感謝しています。私はピンチャオをとても尊敬しています。彼の果たした逃亡は英雄的です。いつか神様が機会を与えてくださるならば、私は彼を強く抱きしめたい。彼がこの野営地から逃走した時にはそうできなかったから。できる限り、特に彼が安息できる場所を必要とする場合には助けてあげてください。私がどんなに彼を愛しているか、そして彼が生き延びて逃亡に成功することを私が神に祈っていたことを伝えてください。ピンチャオの逃亡のあと、我々の生活条件が悪化したことは確かです。規則は厳しくなり、私にとっては辛い限りです。もっとも気があって親密に感じていた人たちから離されて、人間的に言ってきわめて難しい人たちの中に入れられてしまいました。

ママン、私は疲れ果てました。苦しむのに疲れ果てました。私はかつて強かった、あるいは強くあろうとしました。この6年近い囚われの生活で、私は自分が、思っていたほどには抵抗力もなく勇気もなく知力もなく強靭でもないことを認識しました。私はここで幾度も闘いを組織し逃亡を試み、あたかも水面からやっと顔を出しているかのように、希望を失わないよう努力しました。しかし私は今、力尽きたと感じています。いつの日かここから出られると私は考えたい。でもあの州議会議員たち[3]に起こったことを考えると私の心は痛み、また同じことがいつなんどき自分に起こらないとも限らないと思います。(死がすべてを解決して)それがむしろ、あらゆる人の心の慰めとなるのではないかとさえ考えます。

[2] FARCに8年間囚われていた警官。2007年4月逃亡に成功した。彼はイングリッド・ベタンクールと3年以上、ジャングルで一緒だった。

[3] 2002年4月に拉致された州議会議員12人。うち11人が、2007年6月、武装グループの攻撃を受けたFARCによって殺害された。(ひとりは、たまたまその場にいなかったため死を免れた。)

子供たちが、私が自由になる日を待って落ち着けない生活を送っているだろうと想像します。それにお母さんの毎日の苦しみ、その他の人たちの苦しみを考えると、死は私にとって穏やかな解決策であるように思えます。お父さん[4]の傍に行けるならば……。私は永久にお父さんの死の悲しみから脱け出ることはできないでしょう。この4年来私は毎日、亡くなったお父さんを思って泣いています。これでもう涙は出切った、傷口は塞がったと思うそばから、苦痛はまたやって来て不実な犬のように私に襲いかかり、私の心はまたしても粉々に砕けてしまいます。私は苦しむのに疲れ果てました。苦痛を毎日自分の内に抱きかかえるのに疲れ果てました。そして、こんなことにはいつかきっと終わりが来るだろうと考えて自分に嘘をついていることに、来る日も来る日も同じ地獄の連続であることに、疲れ果てました。子供たち、私の3人の子供たち――セバスチアン[5]、メラ、ロリ[6]のことを考えます。何と長い時間が我々のあいだで流れたことでしょう。彼らは昔と同じに変わらないでしょうが、やはり、成長して変わったことでしょう。私は彼らのために一瞬でも傍にいてあげることができない。彼らの悲しみを癒やし、助言を与え、人生に立ち向かうための力や忍耐や謙虚さを教えてあげることができない。彼らの母親であるための機会をすべて失ってしまったことは私を無限の孤独に陥れます。あたかも青酸カリを一滴一滴と血管に注入されるようです。

　ママン、私にはとても辛い難しいことなのですが、突然彼ら（ゲリラたち）は、私が生きていることを示す証拠が必要だと言い出しました。それで私はこの紙の上に私の心をさらけ出して、お母さんに宛てて手紙を書いています。私は肉体的に弱っています。食事をとらず食欲がありません。髪の毛は大量に抜けます。欲しいものも、やりたいこともありません。ここで唯一良いことは、そう、何も欲しがらないということなのです。なぜならこのジャングルでは、あらゆることへの唯一の答えが「ノー」なのですから。だから欲望から多少とも自由であるためには、何も欲しがらないに超したことはないのです。何か読むもの、学ぶもの、知的関心を刺激するものが欲しくて、百科事典を1冊所望してから3年になります。せめて私をかわいそうに思って、手に入れてくれることを期待していますが、そんなことは考えない方が良いようです。ここでは小さなことひとつひとつが奇蹟なのです。お母さんの声を毎朝聞けるのは奇蹟です、私のラジオはとても古くて傷んでいるから。お母さんが今やっているように、番組の始めに出るようにしてください。そのあとは音波が入り交じって、5時20分からはお母さんの言うことは推測しかできません。重要な知らせ（たとえばアストリッド姉さんの結婚）がある時は、繰り返して言ってください。アストリッドとダニエルの結婚を私が知ったのは、やっと2年前のクリスマスでした。お母さんはきっと言ってくれたのでしょうが、私は聞き取っていなかったのです。

［4］ すでに重態だった父親ガブリエル・ベタンクールは、彼女が拉致されたちょうど1ヵ月後に、心配のあまり亡くなった。彼女はこれを、偶然、古新聞を読んで知った。
［5］ 前夫ファブリス・デロワの最初の結婚による子供。イングリッドの義理の息子。
［6］ 娘メラニーと息子ロレンソ。

ラジオといえば、ママン、子供たちに、週に3回、月曜と水曜と金曜にメッセージを送ってほしいと伝えてください。子供たちが2行ほどの電子メールをお母さんに送って、それをお母さんが読んでくれるといいのです。何も哲学的なことでなく、心に浮かぶこと、さっと書きたいことなど、たとえば「ママン、今日はとても天気がいい、僕はマリアとお昼を食べる、僕はマリアが大好き、彼女はきっとお母さんの気に入ると思うよ」とか、「今日はヘトヘト、でも授業で映画の新しい技術についていっぱい勉強したわ、あの授業は大好き」とか。他には何もいらない、ただ、子供たちとのコンタクトを保っていたいのです。毎日私はお母さんが子供たちのことを話すか、またはお母さんが子供たちと話をしたと言ってくれるのを期待しています。私に最大の喜びをもたらしてくれるのは子供たちのことです。それは私にとって本当に重要なこと、命に代わるほど重要な、超越的な、唯一不可欠な情報です。それ以外のことは私にとってもはや重要ではありません。セバスチアンもメールを送ってくれると嬉しいです。仕事はどうなっているのか、恋人のことなど。お母さんが日曜日の明け方のラジオ番組[7]に出ないことに100パーセント賛成です。お母さんが夜じゅう起きていて、何時間も待って疲れ果てるなどと考えただけで私には苦痛です。私は他の人への連帯の気持ちからこの番組を聞きますが、お母さんは暖かい床の中にいてくれる方が私にはずっと安心です。

すでに言ったように、ここの生活は生活ではありません。時間の陰鬱な浪費です。私は2本の杭に張られて、蚊帳と屋根の代わりになるテントに被われたハンモックの中で生きています、あるいは生き延びています。これが私に自分の家があると思わせてくれる唯一のものです。私は小さな棚を持っていて、その中に私の持ち物、リュックと衣服と、私の唯一の贅沢である聖書を入れています。いつでも大急ぎで出発することができます。ここでは、自分のものは一切なく、何ひとつ持続するものもなく、不確かさと不安定とが唯一の恒常的なものです。いつなんどきでも彼らは命令することができ、皆、どんな穴の底ででも眠り、どんな場所にも体を横たえることができなくてはなりません。まるで動物のように。そのような瞬間は私にとっては特別に辛い時です。私は手に汗をかき、私の頭は霧に包まれ、私の動作は普段より2倍も遅くなります。時々ゲリラ兵士が荷物を持ってくれる時もありますが、もっとも重いので、苦難そのものです。行進は、荷物がとても重く私にやっと持てるほどなので、苦難そのものです。

い「壷や瓶」、つまり洗面などに必要なものは自分で持たされます。すべてがストレスの元で、私は物をなくし、あるいは彼らに取り上げられます。クリスマスにメラがプレゼントしてくれ、私が拉致された時身に付けていたジーンズも取り上げられ、その後、目にしたことがありません。上着だけは確保できましたが、これはまさに神様のプレゼントとも言うべきです。ここの夜は恐ろしく寒く、寒さから身を守ってくれるものは他に何もなかったのですから。以前、私は川で泳ぐのが大好きでしたが、今では私はグループのうちでただひとりの女なので、ほとんど服を着たまま川に入らなくてはなりません。パンツとシャツと長靴をつけて！　昔のおばあさんのようです。泳ぐのが好きだった私も、

［7］　ラジオ番組「拉致の声」は、国中がもっとも静かで、国中のどんな場所ででも聞けるように、また、ゲリラが行進を休むと想像される日曜日の午前2時から、人質の家族のメッセージを放送する。

今では、泳ぐに充分な呼吸もできなくなりました。私は弱く寒がって、まるで水を怖がる猫のようです。水があんなに好きだった私なのに。日中、私は2時間、時には3時間運動をしていました。木の枝でつくった小さな台を私は、ジムの体操を思い出してステップと名づけました。それを階段のように上り下りするという具合です。場所をとらないという長所がありました。なぜなら我々の野営地は、時にはとても狭く、囚人たちは重なり合って生きているからです。しかしグループが分けられてから、私はやる気もエネルギーも失ってしまいました。ストレスのため首が固まってとても痛いので、体を伸ばす運動を少しします。（腰を伸ばす）スプリットやその他の伸長運動をして、首を少し楽にすることができます。ママン、これが私の活動のすべてです。問題を避けるため、私は静かにして、できるだけしゃべらないようにしています。8年ないし10年も前から囚われている男の人たちの中での女ひとりの存在は難しい限りです。私はＲＦＩとＢＢＣ[8]の放送を聞き、書くことはほとんどありません。なぜならノートが増えると、それを運搬するのは拷問に等しいからです。少なくとも4冊を私は焼き捨てざるを得ませんでした。おまけに検査の際彼らは、我々が一番大事にしているものを取り上げるのです。私のところまで届いたお母さんの手紙は、２００３年の、私が生きていることを証明するあのビデオのあとで取り上げられました。アナスタジアとスタニスの絵、メラとロリの写真、お父さん[9]のお守りのスカプラリオ、何年ものあいだ私が書き留めておいた１９０項目の政府案などもみんな取り上げられました。日に日に私自身から私自身が少しずつ失われてゆきます。その他の詳細についてはピンチャオが語ったと思います。すべてが辛い、それが現実です。

この文章を私の酸素とも言うべき、私の命を支えてくれている人たちに捧げたいと思います。私に頭を水面からもたげさせ、私が忘却の中に埋もれてしまわないよう努力してくれている人たち。それはママン、あなたと、私の子供たちと、アストリカ（アストリッド）とその子供たちと、ファブ（ファブリス）、ナンシー叔母さん、ホアンキです。[10]特に3人の子供たちセバスチアンとメラとロリに私の祝福を与えてくださいい、彼らの行いのひとつひとつが守られますようにと私は毎日神に、イエス・キリストに、聖母に、祈っています。神が子供たちを常に導いてくれ、彼らが神からけして遠ざからないために、私は彼らに信仰を勧めます。子供たちは私にとって、かくも辛い人質生活の中で常に喜びの源泉だったと伝えてください。ここではすべてが2つの顔をもっています。喜びは苦しみとなり、幸せは悲しく、愛は心を鎮めるとともに新しい心の傷をもたらします。思い出は私を生に繋ぎ止めてくれるとともに、改めて私を死の淵に突き落とします。

何年ものあいだ、私は子供たちのことを考えることができませんでした。お父さんの死が私の抵力のすべてを吸収していたからです。子供たちのことを考えた時、私は息が詰まってしまいそうでした。呼吸ができませんでした。それで私は、ファブがいる、彼がすべてうまくやってくれている、心

［8］ラジオ・フランス・インターナショナル。
［9］姉アストリッドの子供たち。
［10］ファン＝カルロス・ルコント。イングリッドの夫。

配しないでいい、と考えました。お父さんの死を知った時、私は気が狂いそうになりました。お父さんの死を受け入れるためには、私はアストリカと話して、どのように死が訪れたのか、誰がそこにいたか、お父さんは私に言葉なり手紙なり、私への祝福を残してくれたかなどを知らなくてはなりません。ただ徐々に、お父さんは神を信じてあの世へ旅立ったに違いない、いまにお父さんを自分の腕に抱くことができる、と思うようになり苦悩は和らげられました。私はそう信じます。お父さんが亡くなった時、お母さんがしっかりしていてくれたに違いないと思えたことは、私に勇気を与えてくれました。私がメッセージを聞いたのは私がルーチョ（ルイス＝エラディオ・ペレス）[11]のグループに入れられた時、２００3年8月22日、彼のお嬢さんカロペの誕生日でした。私たちは親友だったのですが、8月に離されました。しかし一緒にいた間中、彼は私を支えてくれ守ってくれ、私のお兄さんになってくれました。アンジェラ、セルジオ、ラウラ、マリアニタ、カロペらに、私は彼らを心の家族と思っていると伝えてください。私はお父さんの死の知らせを聞いて以来、お母さんのメッセージを恐るべき執拗さで聞きました。けして聞き漏らしませんでした。お母さんは一日も休みませんでした。神様に何とお礼を言えばよいでしょうか。子供たちと一緒にいられないことの苦悩に恐ろしく苛まれたため、何年間も私は子供たちのことを考えられなかったと言いましたが、今は、子供たちのことを聞いて苦しみよりも喜びを感じるようになりました。子供たちのことを思い出の中に探し、記憶の中にあるそれぞれの年齢の姿を思い出して、心の糧としています。子供たちの誕生日に私はハッピー・バースデイを歌い、お菓子をつくる許可をもらいます。以前、ゲリラたちは理解を示して、私は何かをすることができましたが、ここ3年来、私が許可を求めるとノーの返事が返って来ます。ビスケットか、いつものお米かインゲン豆の割り当てがあると、私はそれをお菓子だと思って心の中で子供の誕生日を祝います。4月8日、9月6日、10月1日を私が神聖な日と見なしていることを忘れないでください。12月31日、7月18日、8月9日、9月1日、それに6月24日、10月31日のナンシー叔母さんとパチョの誕生日も祝います。間違っていないと思いますが。

メラ、私の春の太陽。白鳥座のプリンセス。私が愛する彼女に私は、私が世界中で一番娘自慢の母親だと言いたい。私は神様から子供を授かるほどの幸せを得、そして娘メラは私の人生のもっとも大きな果実なのです。5歳の時すでに、彼女は賢さと愛らしさをもって私に抵抗しましたが、その日から私は彼女を限りなく称賛しています。彼女は叡智と知性を具えています。もしも私が今日死ななくてはならないとしても、私は人生に満足し、子供たちのことを神に感謝してあの世へ旅立っていけます。彼女がニューヨークでマスターを取ったのは嬉しい。私もそうするよう勧めたかったことですから。映画に情熱を抱いているとのこと、私はすべての点で彼女に賛成です。でも、ドクターを必ず取るように、これは大事なことです。現在の社会で免状は、呼吸するのにさえ必要なのです。ドクターを取るのは、さらに別の情熱をもつこと、もっと厳しい別の世界に入ること、もっとも優れた人たち

[11] 2001年6月にFARCに拉致された上院議員。この手紙が書かれた4ヵ月後に6年ぶりに釈放された。イングリッド・ベタンクールとともに逃亡を企てたことがあるが、成功しなかった。

の仲間入りをすることです。ロリとメラがドクターを取るまで勉学を諦めないようにと、私はどこまでも言い続けます。メラ、今から、インターネットで、ハーヴァード、スタンフォード、イェールなどのサイトを見て、どんなドクター・コースがあるかを必ず見るように。まだ先のことだとしても、今から見ておくように。自分の好きな分野、もっとも関心を惹くもの、歴史、哲学、考古学、神学。自分が探求し、夢見て、情熱を抱き、それを自己の使命にできるもの……。彼女が仕事をしたがっていることは知っています。誰もが仕事に就きたいという望み、何かを生み出したいという望み、自分が真に誰であるかを知りたいという望みに突き動かされており、それが人生のプロジェクトの一部をなしているはずです。人は優秀であればあるほど、それを成し遂げ、より多くの機会に遭遇し、希求する世界もより大きいのです。メラ、これらのことがとても重要なことは分かっているわね。政治学より哲学を選んだのは素晴らしいと思いました。イタリア語とロシア語を始めたのも素晴らしい。もし可能ならば、もし許されるならば、私はあなたに追いつきたい。私はあなたのファン、ナンバー・ワン。あなたの進路、あなたの選択の明敏さ、成熟した道の選び方、選んだ道の学び方などを称賛する充分な言葉が私にはないほどです。あなたが入った映画の学校は「最善の選択」であることを私は知っていますし、大いに賛成です。私はいつもあなたがもっとも優れている、私より優れている、私がそうありたいと思っていたよりもさらに良い、と思っていました。だから今私は、私が人生で集積した経験をもって、また、距離を置いて世界を眺める視点から、あなたが最高の頂点に達するための準備をするよう願うのです。

ロレンソ、私のロリ・ポップ、私の希望の天使、青い水の私の王様、歌って私を酔わせてくれるミユージシャン。私の心の導きである彼は、生まれた日から今日まで、ずっと私の喜びの泉でした。彼から来るものはすべて私の心にとって芳香で、私を勇気づけ、私の心を鎮め、歓喜と沈静をもたらしてくれます。私のいとしい子供、私の小さな太陽。会って頬ずりがしたい、胸に抱いて声を聞きたい。今年私はやっと、彼の声を一、二度聞くことができました。私は感動で震えました。私のロリ、私の息子の声、でも、その子供の声を被う大人の男の声がありました。男の太いかすれた声、パパの声のような。その手も、なつかしいパパの手のように大きくて美しいのでしょうか。神様は私に、2つのプレゼントをしてくれたのでしょうか。ある日私は、偶然手に入った新聞で見た写真を切り取りました。カロリナ・ヘレラの香水「212セクシー・メン」の広告です。若い男性の写真で、私は「ロレンソはこんな風に違いない」と思いました。その写真を私はずっと持っていました。私の愛するロレンソ。あなたがプラネタリウムのテラスで歌った日を私は覚えています。あなたがアーティストの心と天使の声をもっていることを私は昔から知っていました。あなたが神のようにギターを弾くことを知った時、私は神様に感謝しました。あなたが小さい時、家にギターを教えに来てくれていた先生を覚えていますか？　その時のあなたが今でも目に浮かびます。先生があなたのことをとても上手だと誉めるのを聞いて私は戸惑いました。だって私は、あなたがギターを弾くのをまだ聞いたことがなかったのですもの。でも先生が来た時や帰る時、あなたの小さな目が輝いていたのを私は覚えています。よく思い出します、このことやそれに他のことも。あなたに体をすり寄せて、あなたを抱いて眠りたい。私が拉致される前にやっていたように。あなたを頬ずりで被ってしまいたい。あなたの声を聞きたい。あなたと何時間も話したい、あなたがすべてを私に話し、私はあなたにすべてを話す……、バカロレアで[12]、13・75点だったんですってね。私より上ね。ソルボンヌであなたが法学と経済の2つの免状を取ったことを私は誇りに思います。偉い、よくやった。政治学院を諦めない方がいいと思います。学科は同じだし、特に「経済・財政」を選ぶならなおさら。よく考えて。ソルボンヌでの1年間の勉強があれば、2008年9月の試験を受けられるでしょう。政治学院は威信ある名高い学校で、あなたの将来を開いてくれる学校です。あなたは優秀なのだから受かります。ひとつ大切なことは、音楽を忘れないように。音楽はあなたの遺伝子の中にあるのだから。メラと同様、マスターとドクターを取るように。あなた方の前には人生が開かれているのです。もっとも高い地点に登ろうとしなさい。学ぶことは大きくなることです。学ぶということは、人間的な経験です。周囲から大きな自己コントロールを要求されることによって感情の面で豊かになり、また精神的には他人の役に立つような人格が養成されて、自我の表現が最小限になり、謙虚さと倫理的な力が育ちます。謙虚と精神的な力は、一方が他方なしでは成り立ちません。それが生きるということです。人々のために生きることで人は成長するのです。だからあなたの音楽は大切なのです。あなたの音楽は人に幸福、同情、連帯、社会参加をもたらします。勉強により、あなたは我々の社会がどのように機能しているか、そのコード、その規則を学び、よりよい社会に至るための解決策を発見することができるでしょう。あなた方2人に私は言います。あなた方のような素晴らしい人の母親であることは私にとって最高の幸せです。母親としてこれ以上の幸せはありません。私は100パーセントあなたに賛成です。すべての面で。あなたの望むことすべてについて。私はあなたのファン、ナンバー・ワン。私は思春期の少女のように、アイドルの写真を切り取ったほどです。私に溢れるほどの幸せを与えてくれて、本当にありがとう。

私の大好きなセバスチアン、私のブルーのぬいぐるみ。天体旅行と先祖旅行の星の王子様に、私はお話しすることがいっぱいあります。まず、神様は私に2人ではなくて3人の子供を授けてくださったこと、そして人生の記録簿にそうはっきりと記録されていることを確信し確認しないうちは、私はこの世を去りたくないということ。あなたは私の心の中に生きています。私が初めて彼を見た時の姿や怪傑ゾロに変装した姿を毎日思い出しています。彼は5歳でした。彼の小さな青い目は、急速に変化する世界を発見しようとしていました。私は彼と幾時間もおしゃべりがしたい。メラやロリとおなじように。でも彼とは、私が囚われて以来の長いあいだ、絆が切れているので、それを結び直さなくてはなりません。私は自分の好きな色は彼の目の色のブルーだと決めました。彼が何年も前、セイシェル島でプレゼントしてくれた明るい薄紫色がかった青。このジャングルの緑色の監獄を出たら、私は明るい紫色の服を着たい。彼にムーンウォーク・ダンスを教えてもらいたい。沢山のことを教えて

[12] 大学入学資格試験。これに合格するとフランスの国立大学（総合大学）に入ることができる。日本の高校卒業に相当する。

もらいたい。でも何よりもまず私は、私が彼を、彼のお母さん同様とても素敵で、彼のお父さん同様とても聡明だと思っていることを知ってもらいたい。そして、彼が私に似た性格であること、それが多分時には有利であることも、知っていてもらいたい。でももっと一般的には、それは大きなカルマ、宿命です。だからあなたのことを考える時、私はいつも我々2人のことを笑い、あなたのことを笑い、私のことを笑います。私たちは出発点に到達するためにいろいろ回り道をしました。私たちは心のすべてをかけて愛し合っています。そう、私のブルー、私はあなたと話して、私がまだ充分成長していなかった時のことを許してもらわなくてはなりません。あなたを守って、あなたを愛で包み、人生に挑む力を与えてあげるべきだったのに、私がそうできるほどに成長していなかったことを許してもらわなくてはなりません。私は敢えてあなたに向かって行かなかった。たとえいろいろな事が変わっても、私のあなたへの愛だけはけして変わらないことを、私はあなたに言えなかった。許してください。これらのことを今ここに書くのは、もし私がここから出られなかった時、あなたにそれを知っていてもらいたいからです。あなたの妹と弟が生まれた時に私が理解したこと――私はあなたをいつも、神様が私に授けてくれた自分の息子として愛していたこと――を、私はあなたに知ってほしいのです。それ以外のことは大切ではありません。

さて、ここで、私のファブについて語らなくてはなりません。私たちの子供が私たちの幸せだと言わないでいられるでしょうか。私の生のもっとも幸せな瞬間が、ファブの愛、彼の存在、人柄、生気を受けているのです。私たちの子供は輝いています。父がアストリッドと私のことを「輝かしい」と言ったように。これはすべてファブ、あなたのお陰です。私の生涯は、私たちがモンギーで誓い合い、以後けして断ち切ることのなかった無条件の愛の糸で綴られています。愛のみが我々が誰であるかを説明してくれます。私が言いたいのは世の中の慣習や祭式などのことではなく、無条件ですべてを与えてくれる神の愛のことです。ファブが私のためにずいぶん苦しんだことを私は知っています。でも彼が私に心の平和をもたらしてくれたことを知ることによって、その苦しみが和らげられるよう私は祈ります。さまざまの苦しみは私たちが人間的に成長し、魂を混乱させる不必要な事柄を遠ざけることができるようになるために、神様が私たちに与えた試練だったのです。その試練の道を私たちは、たとえ別れていても、一緒にたどっています。そして私たちの努力や闘いは、私たちの子供にとって光となっているのではないでしょうか。ファブは私の最大の慰謝です。彼がいてくれるので、私は子供たちがしっかりと、きちんと生きていることを確信できるからです。私は彼に頼っていると、彼の肩に頭をつけて泣いていると、彼に支えられて私は悲しさのうちにも微笑み続けていると、そして彼の愛が私を強くしてくれていると、伝えてください。彼が子供たちの面倒を見てくれるからこそ、私はあまり苦しむことなく、死んでいくことができます。ママン、何か必要なことがあれば、ファブリスが私にしてくれたように、お母さんにもしてくれるでしょう。彼がメラやロリの住む場所を用意してくれているのを私は知っています。だから私の心配は少なくて済むのです。彼が私のために闘ってくれているやり方を、私は本当に誇りに思っています。私は彼の声を幾度もラジオで聞きました。彼の声がかすれた時、私は心の底で彼に頬ずりをしていました。そして誰にも知られないように、胸の中でひっそり泣いていました。ファブ、ありがとう、あなたは素晴らしい人です。

アストリカ姉さん。言いたいことがあんまり沢山あって、何から話したらよいか分からないほどです。まず、彼女の「人世訓」は私の人質生活の最初の1年間、つまりお父さんの死後1年、私を救ってくれました。お父さんの死が私にとってどんな意味があったか、彼女だけが理解できる人だったのです。私の唯一の救いは彼女がお父さんの傍にいてくれたこと、そうして私も彼女を通じて、お父さんの傍にいたと思えることです。私は、お父さんの最後について彼女と話したい、彼女を胸に抱いて私の心の涙の泉が涸れるまで泣きたいという強い欲望に駆られます。私は彼女のことを考えながらここで毎日いろいろなことをしています。「これは小さい時アストリッドと一緒にやったことだ」、「これはアストリッドは私より上手だった」、「アストリッドがここにいたら……」「ありがたいことにアストリッドはここにいない、もしいたら彼女は嫌悪感と恐怖で死んでしまっただろう」などと。自分が嫌いだったり、我慢ならないことがあった時の彼女の反応を、私は今ここで初めて理解しています。私の行為や私の言葉がいかに彼女をイライラさせたか、私は今初めて理解しています。今私はアストリカを本当によく理解できるので、私は彼女のすぐ傍にいるようにさえ感じます。彼女の声を私はラジオで幾度も聞きました。彼女の優れた表現の仕方、その思考の質、感情の抑制、エレガントな感性を私は素晴らしいと思いました。私は彼女の話すのを聞いて、「私もこうなりたい」と思いました。私は常に彼女は私より知的に優れていると思っていました。その上私はこの数年間、彼女に具わっていて、彼女が話す時にあふれ出るような賢明さを認識しました。私が常に神様にお礼を言っているのはこのためです。私は、彼女とダニエルにずいぶんお世話になったと思っています。彼女が彼と結婚したと知って私がどんなに嬉しく思ったことか。私がジャングルの中で喜んでいるように、お父さんも天国でどんなにか喜んでいることでしょう。ダニエルは例外的な人物だと私は思います。もし私が意見を求められたとしたら、私は彼こそアナスタジアとスタニスの「第二のパパ」、私の義理のお兄さんになってほしい人だと言ったでしょう。私は彼のインテリジェンス、人の良さ、慎重な人柄が好きです。この3つが一度に具わっているのは稀ですが、そういう人がいれば敬愛と尊敬の対象となります。私はダニエルに敬愛と尊敬をいだいています。なんという素晴らしい家族でしょう、神様はうまく物事を運んでくださいます。あなた方二人は、アナスタジアとスタニスを一人占めにしているのですよ……。彼らの絵をゲリラに取り上げられた時、私はどんなに辛かったことでしょう。「離れ業でもって、魔法でもって、神様の力でもって、3年後、3日後、叔母さんは私たちの元に帰って来る」というアナスタジアの詩。スタニスの絵は、ヘリコプターでの救助の場面で、私はここそっくりの隠れ家で眠り込んでいて、彼が救助隊員。この2人の甥と姪を、私は私自身の子供のように大好きです。アナスタジアは私に似ているから。乗馬は私よりずっとうまいけれど。（パリの）軍事学校で彼女と一緒に乗馬のレッスンを受けたい。私はスタニスの代母だから、シャンゼリゼで彼にアイスクリームをご馳走しなくてはならない。なんて素晴らしい子供たちでしょう。アストリッド、子供の一年一年は、一度読んだら消えてしまう詩のようなものだから、幸せを充分に味わってください。写真をとり、ビデオを撮り、今はＤＶＤというのかしら。ハイテクに関しては私は遅れているから。いつか彼らの小さい時のビデオを見せてもらえますように。三銃士のひとりに扮装して剣の切っ先をぴたりと私に突きつけたスタニス、そしてスタニスのいたずらをこよなく楽しんでいた我々のパパ。私の心の宝物の甥と姪、本当に会いたい、会いたい。

ホアンキ。「どこにいるの？」彼の声は時々しか聞こえない。メッセージを送ってほしい。子供たちのことを話してほしい。私の望みを彼は知っているはず。私の本当の幸せなのだから。この別離が残酷で困難なことはよく分かっています。すべて私は理解できます。そして私は、海岸に寝転んで流れ星を数えたあの日と変わらず、彼を愛しています。自分自身にたいして心の安らぎをもってほしい、と彼に伝えてください。もし許されるならば、私たちはより強くなってこの試練から脱け出る時があるでしょう。

ナンシー叔母さんには、私はいつも彼女のことを考え心に思っていると伝えてください。叔母さんが昔私を傍に置いてくれていたことは私にとって幸せでした。私が彼女を愛していることを、私が彼女を第二のママンだと感じていることを示す機会が与えられますように。彼女を通して私は外の人々、ダニロ、マリア・アデライダ、セバスとトマス、アリックスとミカエル、ジョナタン、マチューとアンドリュー、パチョ、クキンと彼のいいなずけに、私の愛を送ります。パチョがコロンビアに帰ったことは嬉しいことです。彼の人生の船出に援助できたらどんなに嬉しいことか。私よりもペドロがずっとうまくやってくれるでしょうけれど。トニョとの食事に参加できたらどんなに嬉しいことか。みんな過去のことだけれど。この人たちを愛しているあまり、そんなことが望まれるのです。パチョにとってすべてがうまくいくと確信しています。(仏教を信心する彼の)「南無妙法蓮華経」をもって、彼がいっぱい送ってくれるエネルギーを私は受け取っています。

ママン、我々を忘れないでくれた人々、我々をほったらかさないでくれた人々に私はお礼を言いたいと思います。長いあいだ我々は平穏な生活を乱す癩病患者のように思われていました。人質は「政治が取り扱うべき」問題ではないと考えられていました。人命を多少犠牲にしても、ゲリラには強硬に出るという態度が好まれていました。また人質問題には沈黙が選ばれていました。時間のみが人々の意識を目覚めさせ、精神を高めることができます。私はたとえば米国の偉大さを考えます。米国の偉大さは、大地の肥沃さや資源の豊かさから得られたものではありません。米国の国民をつくった指導者の魂の偉大さが生んだものです。リンカーンがアメリカの黒人奴隷の生きる権利と自由を擁護した時、彼は(現代コロンビアにおける)フロリダやプラデラの問題[13]と同じ問題に直面せざるを得ませんでした。一握りの「黒人」の命や自由よりも重要だと一部の人が見なす政治経済的利害に、彼は対立せざるを得ませんでした。しかしリンカーンは勝利し、こんにち政治経済上の利害よりも人命が優先されることは米国国民の文化となっています。コロンビアではいまだに我々は、自分のオリジンを、我々が何であるか、我々はどこへ行くべきかを考えなくてはなりません。私は、偉大さへの希求がい

[13] FARCの擁する捕虜と政府監獄に監禁されているFARC兵士との交換を交渉する場所として、FARCはこの2つの町からの治安部隊撤退=武装解除を、交渉の前提条件として要求していた。

つの日か人々を無から立ち出でさせ、太陽へ向かって歩ませることを願っています。我々の家族や同胞の生と自由をいかなる譲歩もせずに擁護する時、言いかえれば、我々が個人主義を抑制して連帯し、無関心でなくなることによって他人や世界に深く関わり、不寛容を捨てて他人の理解を深める時、その時こそ我々は我々の望む偉大な国民になることでしょう。その偉大さは、ここ我々の心の中に眠っているのです。しかし心は頑なになり、あまりにも重くなっているので、我々は自分の心情を高めることができないでいます。

にもかかわらず、人々の心を呼び覚まし、コロンビアの成長に貢献した多くの人々がいます。私はこの人たちにお礼を言いたいと思います。皆の名前を挙げることはできませんが、前大統領アルフォンソ・ロペスと、一般的に言って、自由党のすべての大統領。ロペス大統領の死は我々にとって大きな悲痛でした。さらにエルナン・エチェバリア[14]、私に沢山のことを教えてくれ私を助けてくれたこの人に、もはや会えないのは悲しいことです。下院議員フアン゠カルロス・ナルバエス、アルベルト・ヒラルド、アルベルト・バラガ、アルベルト・キンテロ、ラミオ・エチェベリ、ジョン゠ハイロ・オヨス、エディソン・ペレスの家族の方々にここで私は称賛と深い愛情を捧げたいと思います。彼らの一人ひとりのために私は祈ります。彼らの一人ひとりを私は忘れません。彼らの命は私の内にあり、私は彼らの命を称えます。

ママン、彼ら（ゲリラ）がこの手紙を取りに来ました。書きたいことのすべてを書くことはできません。ピエダッド[15]と（ベネズエラの）チャベス大統領には私の心からの愛情と称賛を。我々の命は、この2人の大きくて勇敢な心に懸かっています。チャベス大統領にはお話ししたいことが沢山あります。ラジオ放送「もしもし、プレジデント」を私は聞いていますが、彼は何と率直で寛大な人柄でしょう。彼のために子供たちが歌ったバレナトに私は感動しました。それはコロンビアとベネズエラのあいだの、優しい連帯の素晴らしい一時でした。我々の闘いに関心を抱いてくれたことに感謝します。我々の闘いはほとんど人の注意を呼び起こさないものです。なぜなら他人の苦しみは、それが単なる統計上の数字でしかない時、誰も興味をもたないからです。チャベス大統領、ありがとうございます。

アルバロ・レイバにも感謝します。彼はもう少しで成功するところでしたが、一握りの忘れられた人間の自由を襲う嵐のような戦争は、すべてを根刮ぎにしてしまいました。彼の知性、高貴さ、毅然とした態度は、誰も関心をもたない我々人質の命について、多くの人を思索に導きました。ここジャングルの中では、囚われた幾人かのかわいそうな人質の釈放よりもむしろ、人間の尊厳擁護の意味を理解することが重要なのです。

ルーチョ・ガルソンには、その協力、理解、寛大、断固不動の姿勢に感謝します。ここジャングル

[14] 元財務大臣、大企業家。イングリッド・ベタンクールは選挙資金ゼロで下院議員に立候補した時、テレビのインタビューで問われるまま5人の腐敗議員の名前を挙げたが、その直後に電話してきて、彼女に選挙費用として500万ペソを与えた。

[15] ピエダッド・コルドバ女史、コロンビア上院議員。人質の救助のため身の危険を冒して、チャベス大統領とともにコロンビア政府とＦＡＲＣのあいだの仲介役を果たしている。

の中でも、コンサートのあいだは蛍が森を照らします。ここでも我々は、希望の声をもって歌います。ギュスターヴォ・ペトロ。写真を展示し、可能な時にはいつも講演をして我々のことを思い出してくれ、ありがとうございました。支持の声明を発して我々を援助してくれる友人たち、ポロ（民主主義オルタナティブ）党、自由党ありがとう。我々を忘却のうちに置き去りにしないで、人質を忘れることを拒否したすべての人たち、ありがとう。

ホオン・ガブリエル・ウリベが何度も、彼の知識と知性をもって人質解放の試みに協力してくれたことを聞いています。サイエル・エルナンデス、クラウディア・ロペスにも同様に感謝します。

ボリバル賞を受賞した人たちに感謝しお祝いを申し上げます。彼らは自由の擁護をけして放棄しませんでした。特にホリオ・サンチェス・クリストがもたらしてくれた援助と優しさにお礼を言います。ダニエル・コロネルには彼の勇気と断固とした態度に、ホアン・ガブリエル・ウリベには再び彼の建設的な思索と大きな理解に感謝します。

我々はメディアにずいぶん助けられました。メディアのお陰で我々は、ジャングルの孤独の中で狂気に陥らないで済みました。エルビン・オイヨスの受賞をお祝いし、彼のラジオ番組「拉致の声」に称賛と感謝を捧げます。我々の家族の声を放送したこの番組の何千時間という時間は、我々にとって恐れと絶望からしばしば解放された何千時間となっていました。神様が彼を祝福してくださいますように。

ネルソン・ブラボ、エルナンド・オバンド、マヌエル・フェルナンド・オチョア、そしてラジオ番組「5時の道」グループの皆さん、ありがとう。これまでの長い長い年月、この番組のテーマ曲は我々に目を大きく見開いている力を与えてくれました。そのテーマ曲は我々にとって、家族に繋がる唯一の絆へのプレリュードなのです。神様がある日私に、この方たちを胸に抱いて、彼らの声がこの恐ろしい幽閉の年月の毎日、我々の心の中に植え付けてくれたエネルギーの一部を彼らにお返しさせてくれますように。

ダリオ・アリスメンディには、我々の存在が忘却のうちに消えてしまわないために執拗に闘ってくださったことを我々皆がよく認識していると申し上げたい。そしてお礼を申し上げたい。我々に手を差し伸べてくださり、ありがとうございました。彼の声は、我々がここから死なずに解放され得る唯一の真の力です。彼の声は釈明を要求する声だからです。ただ、感謝、感謝。

ホアン・ガサンが我々の苦悩を理解し、自分の苦しみとしてくれていることを我々は幾度感じたことでしょう。彼は我々のフラストレーションと絶望を分かちもって理解してくれ、何千人ものコロンビア人と共に我々のこの試練の重圧を軽減してくれました。孤独と見捨てられた境遇において、我々はトデラールやギエルモ・トロヤや彼のグループの友人たちが我々に関心を示し援助を与えてくれるのを感じました。彼らはいつも我々のために働いてくれていました。ありがとう。

皆の名前を書きたいけれど、時間が許しません。J・G・リオスとこの数年間我々を支えてくださった人たち、ありがとう。

カストロ猊下とエチェベリ神父に友愛の挨拶を送らずして、この手紙を終えることはできません。

彼らは常に我々のために闘ってくれました。沈黙と忘却が我々の上にジャングルそれ自体よりもずっと重くのしかかった時、彼らは常に発言してくれました。神様がこのお2人を導いてくださって、これらのことすべてを過去のこととして話すことがいつかできますように。しかし、もし神が我々の運命を別の方向へと決定するのならば、天国で一緒に、神の無限の慈悲にお礼を言うことにいたしましょう。

私の心はまたフランスにも属してもいます。「にも」という表現は不要です。私に多くのことを与えてくれたフランス。この手紙が目的地に届くのを妨害しかねないさまざまな疑惑を避けるため、私はスペイン語で書き続けなければなりません。神のことを考える時、神が我々皆を祝福してくれることを考える時、私はフランスを考えます。神意は知恵と愛によって現れます。私の拉致の直後からずっとフランスは、知恵と愛の声そのものでした。フランスはけして敗北を唱えず、時間が解決するだろうというような考えをけして受け入れませんでした。フランスは我々人質の権利擁護においてけしてひるみませんでした。まったくの暗黒の夜の中で、フランスは導きの光でした。人質解放の要求が一般によく見られていなかった時期にも、フランスは沈黙しませんでした。我々の家族がコロンビアに迷惑をかけたと非難された時、フランスは我々の家族を支援し慰めてくれました。

フランスとその国民の歴史を知らなかったならば私は、我々がいつか自由になり得るなどということを信じることができないでしょう。私はフランスがもつ困難を乗り越える強い力を、神様が私に吹き込んでくださるよう祈りました。自分がフランスの子供のひとりだと思われたいと私は願いました。

私は心からフランスを愛しています。私の存在の根は、利害ではなく原則によって導かれるフランスの国民的性格から養分を吸収しようとしています。私は心からフランスを愛します。なぜならフランス国民は力を結集することを、カミュも言ったごとく、生きるということは身を賭して社会参加することだということを知っているからです。こんにちフランスはコロンビアのジャングルにいる人質の側に立って行動しています。かつてアウン・サン・スー・チーや（ロシアの女性ジャーナリスト）アンナ・ポリトコフスカヤのためにそうしたように。フランスは正義と自由と真実を希求しています。フランスの明晰さを私は愛します。フランスはその確固不動の姿勢をとりつつ、頑固な態度を避けるためのエレガンスを具え、固定観念に陥らないためにはその活動における寛大さを具えています。フランスとフランス国民への私の永遠の愛は、私の感謝の表れです。フランス国民が私に示してくれた愛着に私は値しませんし、フランスの人々の支持を得たいと願うに値するような自分ではないと私は思っています。フランスの人質救助活動は、一国民の苦難にたいするもうひとつの国民のためのものだと自分に言い聞かせて心を落ち着かせています。苦悩に囚われた他人を助ける権利、それは容認しがたいことを前にして行動しようと決心することです。ここコロンビアで起こっていることはすべて、まったく容認しがたいことです。シラク前大統領は何年も我々を支援してくれました。常に断固として、常に明晰に、いつも同感を示してくれました。シラク前大統領と（前首相）ドミニク・ヴィルパンの2人を私は心に抱いています。私はこれまで恐ろしい数年間を生きてきましたが、ここで生きながら死んでいる者としての我々に彼らがもたらしてくれた支援なしでは、私は今日まで生きていなかったでしょう。サルコジ大統領はフランスに大改革をもたらすことを決定しました。彼の確信力と高貴な真情が人々の心と精神を照らすことを信じています。我々人質がまったく不確定な状況の中で生きていることを私は知っています。しかし歴史は、それぞれ固有の時代に添って形成されます。そしてサルコジ大統領は歴史の転換期に位置しています。チャベス大統領とブッシュ大統領とラテンアメリカ大陸全体の連帯により、奇蹟は起こりえます。幾年ものあいだ私は、生きている限り、息をしている限り、自分は希望を失わないと信じていましたが、今の私にはその力がありません、信じ続けることは難しいことです。しかし次のことだけは知っておいていただきたい。皆さんが我々のために成し遂げてくださったことには大きな意味がありました。そのお陰で我々は、自分を人間だと感じることができたのです。ありがとうございました。

ママン、まだまだお話ししたいことがいっぱいあります。もうかなり以前からクララと彼女の赤ちゃんの消息[16]を私は知らないことも説明したいけれど。詳細はピンチョに尋ねてください。彼にすべてを語るよう求めてください。彼の言うことを信じ、しかも一定の距離をもって聞くことが大切です。ママンがマルク・ゴンザレスのお母さんとコンタクトのあることを私は知っています。彼は人間的に優れた人物です。彼のお母さんに、「5時の道」を通じて彼にメッセージを送るよう言ってください。人質は皆その番組を聞いているはずです。今私は彼とは別のグループにいますが、私はマルクが大好きです。ジョーには彼の息子は元気だと伝えてください。

お別れしたくないけれど。この手紙がママンの元に届くよう神様に祈ります。私の大好きなママン、私はあなたを心に抱いています。最後にもうひとつ、アストリッドが経済面を受け持ってくれるように（私が受けた賞の賞金など）。私のアパルトマンには誰も住んでいないので、お母さんが住めるのではないかしら。これで心配がひとつ無くなるでしょう。ラジオで個人的なことを私に言いたい時は、フランス語で言ってくれると私は何が問題なのか分かります。そのあとスペイン語で続けて、たとえば「ジョルジュ叔父さん」のこと、と言えば私は理解します。ママン、神様が我々を助けに来てくれ、我々を導き忍耐を与えて、我々を救ってくれますように。永遠にあなたの娘。

イングリッド・ベタンクール、15時34分

［16］　彼女と同時に人質となったクララ・ロハスは、ＦＡＲＣ兵士とのあいだに一児を儲け、ジャングルの中で困難な出産をした。しかし赤ん坊は、常に戦闘状態にあるＦＡＲＣ部隊内では育てられないため、ある村民に託された。このころ3歳になっていたその子供（男の子）は病気になって病院へ、ついでボゴタの施設に預けられていた。

＊＊＊＊＊＊

私のママンへ。

ママン、あなたの長い長い不在と沈黙と希望との混在の後、お手紙が、とてつもなく大きなお手紙が私たちの元に届きました。ずっと遠くから、宇宙の向こうから、時間の向こうから届いた手紙です。まるでお母さんと私とのあいだで生涯のすべてが経過したかのようです。これまでの数年間、私はお母さんをあらゆる場所に捜し求めました。私の記憶の中に、我々の（人質救助の）闘いの中に。この数年間、私はあなたと連絡をとろうと、あなたが生きていることを知ろうと、絶望的に努力しました。そして、突然、お母さんがそこにいたのです、私たちのすぐ傍に。お手紙を読みながら私はお母さんの声を聞きました。

お母さんを閉じ込めているジャングルでは、すべてが、太陽までもが、遠い存在です。すべてが苦痛で、すべてが非人間的です。にもかかわらず、お母さんが書き記すことができた言葉ほど真実で正しいものはありません。ママン、あなたは私たちを揺り起こしました。あなたの苦しみは私たちの苦しみとなり、あなたの絶望は以後、私たちの緊急の問題となり、あなたの愛と勇気は私たちの力となりました。私は今日、自由であることが何を意味するかを理解しました。私たちはお母さんを本当に誇りに思います。屈辱の中で毎日、苦しみ闘っているあなた、ゲリラたちとの妥協を拒否する力を今なおもっているあなたは、私たちを大きくしてくれます。本当に、お母さんは私たちを大きくしてくれたのです。

愛する者たちに向けて書かれた手紙で、これ以上美しいものがあるでしょうか。私はお母さんの優しい言葉に体をすり寄せて、心の中でこう繰り返しています。「お母さんは生きている、生きている！」と。でも同時に私の中には、大きな不安も起こってきます。お母さんをすぐ近くに感じることができた今、再びお母さんを失うのではないかという恐怖に私は震えます。今の私のただひとつの望みはお母さんを両腕に抱いて、こう言うことです。「私たちはここにいます、お母さんをそこから救出するために闘っています。しっかり！　楽しい生活がお母さんを待っています。ロリや私がさらに大きく成長するのを見てください。」でも私はお母さんに会えず、お母さんに触れることができず、お母さんを元気づけるためにお母さんを抱き支えることもできません。だから私は自分をコントロールして、言葉を選び声を落ち着かせ、ラジオ・メッセージを通じて私の力のすべてを、私の愛のすべてをあなたに伝えようとしています。[17]

おばあちゃまは、お母さんが誘拐された翌日から、ずっと私たちを支えてくれ、毎朝欠かさずラジオ・メッセージをお母さんに送り続けています。どんなに私はおばあちゃまに感謝していることでし

[17]　この子供たちのメッセージは、イングリッドの母親ヨランダがラジオ放送を通じて少しずつ読んで、イングリッドに伝えた。

ょう。おばあちゃまは、お母さんが私たちのメッセージを聞いていると常に信じて、メッセージを続けてくれました。

お母さんのお陰で、人々はもう「私は知らなかった」ということはできなくなりました。お母さんの手紙は、お母さんとすべての人質とがどんな生活に耐えているかを教えてくれます。これほど事態が切迫していたとは知らなかったとは、今後、誰も言うことができなくなりました。お母さんの手紙は助けを求める声というより、ひとつの証言です。それは地震のように人々を揺り動かします。お母さんは牢獄の中で、自由のために、あらゆる人の自由のために、他の誰よりも強く闘っています。もしこんにち、何らかの変化が生まれるとすれば、それはお母さんのお陰です。このお母さんの言葉がFARCの指導者たちやコロンビア大統領の眠りを妨げ、マヌエル・マルランダや（大統領）アルヴァロ・ウリベ[18]が軍事的強硬策よりも人質の生命を優先しない限り、眠りにつけないことを私はひたすら願います。いずれにしろ私はもはや、お母さんの言葉から逃れることはできません。私がどこへ行こうが、お母さんの言葉は私に付きまといます。お母さんに再会するまで、私は眠ることができないでしょう。

コロンビアではお母さんの呼びかけは、何千人もの人を長い眠りから揺り起こしました。何年もの長いあいだののち突然人々は、ジャングルの奥底にいる人質が生きている人間であるばかりか、彼らと同じ、我々と同じ人間であることに気づいたかのようです。何千人もの人がお母さんの手紙に突然、自分たち自身を発見し、現実を発見したと感じています。今までは数字が並べられるだけでした。何百人の人質とか、ジャングルの中で何年過ごしたかとか、抗議デモの参加者は何人だったとか、救助作戦は何度失敗したかとか。それが突然、お母さんは勇気と力と知性をもって、お母さんが単にひとりの女、娘、母親であるという明瞭な事実を示したのです。お母さんの言葉は、他の人質たちも、母親であり、父親であり、娘であり、息子であり、兄弟姉妹であり、彼らにも彼らの帰りを待っている家族があることに気づかせました。

こんにち人々は宿命などというものがないことを納得したと、私は思いたい。「もう策は尽きた。あのかわいそうな人たちを助けることはできない」と言うことは、もはやけしてできないのです。お母さんを腕に抱ける待ち望んだ日、その日から始まるべきお母さんの生、私たちの生、夢、幸せは、他のすべての人質の生と夢と幸せと同様、最終的には、FARC指導者たちや彼らが交渉を要求しているコロンビア政府など、一握りの人間に左右されているのです。

この人たちにはいかなる申し開きも許されないでしょう。彼らは自己の行為について考える充分な時間をもっていました。自己の行為を推し量る無数の機会をもっていました。彼らはまたしても、「好機」を待っているのでしょうか。よりよい切り札を期待しているのでしょうか。トランプ勝負をやる人たちは常に、いつか良いカードが得られると思うものです。ただ、今はもう残りのカードはな

［18］ FARCの創設者、43年来の神話的最高指導者。この手紙の書かれた5ヵ月後の2008年3月に77歳で心臓発作により死亡。

く、新しいゲームも始まらないのです。だからＦＡＲＣは、数日後、数週間後には、彼らの決断が歴史を動かすだろうことを知るべきです。彼らが人質解放のための一歩を踏み出すことを決意するならば、彼らのその意志は銘記されることでしょう。もし彼らが、人質を楯として身を守ることができると考えて、欲を出してもっと大きな勝利をうるために時を稼ごうとするならば、彼らは敗北するでしょう。好機を失うのは彼らです。歴史はやはりこのことも忘れないでしょう。

コロンビア大統領はもっと大きな理解と人道的共感、あるいは単なる保護でさえ与え得たでしょうに、何年ものあいだ無関心しか示さず、さらに悪いことには、調停に達しようとする試みのすべてを失敗させるべく、そのたびごとに妨害しました。我々は、我々の愛する人たちの命よりも重要だとされるさまざまなタイプの利害に絶え間なく道を阻まれました。状況は複雑だ、忍耐が必要だ、などといった口実が何と多かったことか。しかしもし、人間を地獄から救出するのが先決問題であることを承認するならば、問題は簡単になります。人を拉致して人質とするＦＡＲＣと呼ばれる人たちがいるとすれば、交渉をせざるを得ません。

お母さんは手紙の中で米国について、自由のためにアブラハム・リンカーンが行った闘いについて語っています。リンカーンも不条理な障害に道を阻まれました。それはちょうどＦＡＲＣが交渉の前提条件として要求している、フロリダとプラデラの２つの町の30日間の武装解除という障害に匹敵するでしょう。狂気じみて見えますが本当なのです。この長い年月のあいだ、交渉の場所の問題ばかりが論議されるだけで、交換の仕方はほとんど問題にされませんでした。どこに席をしつらえて腰掛けるか、それだけに関心が注がれたのです。会合のための場所が2キロ平方多いか少ないか、これだけが私たちの愛する人たちの命の値だったのです。何と愚かな力関係ではありませんか。もはやこんにち、このような口実が幻想をいだかせることのないよう、そして、政府もＦＡＲＣも現実に目覚めざるを得なくなるよう私は望みます。コロンビア政府は我々への支援を拒否しましたが、我々はその支援をよそで、世界で、南米諸国やヨーロッパ、特にフランスで得ることができました。ママン、あなたが言うように、フランスは自らの信じる価値を擁護する意志をもっています。フランスのサルコジ大統領はあなた方人質の解放を優先的問題として、積極的に動いてくれています。多くの人が立ちあがって、承認しがたいことは受け入れないと発言し、お母さんと他の人質たちを救出するためにあらゆる手段を試みています。

これらのことについてお母さんはジャングルの中でどう思っているでしょうか、ラジオで断片的な情報を聞いてどう思っているでしょうか。お母さんはもう何も信じられなくなっているかもしれません。人質生活はあまりにも長く続き、泡と消えた希望はあまりにも多かったのですから。でも私は信じます。そして私はこの希望が私個人を超えていることを知っています。今や、人々の憤りの視線はあなた方人質に向けられ、人々の意識は目覚め、世界中で救助運動が拡大しつつあります。ＦＡＲＣはこんにちほど自己に有利に働く機会は将来ないだろうということを理解すべきです。コロンビア大統領は、自分が人質を奪回する権力をもっていること、お母さんや他の人質の命を救い得る権力をもっていることを認識すべきです。そう、確かに彼はその力をもっているのです。彼にとっても人質解放はチャンスでありえます。こんにちまだ、お母さんの救助は可能です。あなた方の救助は可能なのです。

ママン、事態は緊急を要することを我々は知っています。お母さんの力が尽きていることも知っています。一夜、また一夜と続く苦しみに、地獄の中でまたしても強制される行進に、新たな屈辱に立ち向かうために、今一度最後の力を振り絞るのがどんなに難しいか、私たちにはよく分かります。ママン、私にはよく分かります。でも私たちはお母さんを必ずそこから救い出します。不安と見捨てられた恐ろしい境遇に置かれていても、ママン、お願いだから、少し向こうには、ジャングルの向こう側には、私たちがいてお母さんのことを思い、お母さんのために闘っているのだと、自分に言い聞かせてください。ちょっと向こうに、ほんのちょっと離れた所に、山の向こうに、何千人もの人がお母さんを救出するために積極的に活動しています。なぜならそれらの人たちは、お母さんの勇気と闘いの中に自分を見出し、お母さんを自分たちの家族の一員、母親や妹や友人と見なし、お母さんを見捨てないと心に決めているからです。

お母さんの手紙の信じがたい言葉は、電気ショックのように作用しました。世界の国々の元首は緊急事態を宣言しました。南米諸国全体が動いています。コロンビアの人質問題は国際問題の主要事項となりました。お母さんの手紙は人質の運命を真昼の光の元にさらけ出したので、以後は誰もこれを無視することはできなくなりました。

ママン、あなたは私たち、ロリとセバスチアンと私のことを心配しています。でも私たちのことは心配しないで。私たちは闘っています。お母さんの帰りを待っています。そして私たちはちゃんと生きてもいます。お母さんが帰ってきた時、私たちのことを誇りに思ってもらえるためにです。お母さんの力は常に私たちを元気づけてくれました。今度は私たちがお母さんを元気づけ助ける番です。お母さんが私たちに与えてくれたものを、今度はロリと私がお母さんに返す番です。絶望のどん底に落ち込んだと思う時でも、まだほんの少しエネルギーが残っているという確信を、今度は私たちがお母さんに吹き込む番です。お母さんには抵抗力があり、勇気があり、知力があり、強い力があります。抵抗も勇気も力も無尽蔵ではないことも、私は知っています。でももう少しだけ頑張って。あと少しだけ。ママン、諦めないでください。ラジオを通じて少しずつお母さんに届く私たちの言葉をエネルギーにしてください。私たちが秘密に届ける私たちの思いは、お母さんの慰めとなるでしょう。私たちはお母さんの傍を離れません。私たちは必ず成功します。お母さんに早く会いたい、お母さんの微笑みを、お母さんの生きる喜びをもう一度見たい。ママン、新たな読書、新たな笑い、新たな軽やかさを取り戻してください。

この手紙はお別れの手紙ではありません。再会の手紙です。ママン、間もなくお会いいたします。

メラニー、ロレンソ

イングリッド・ベタンクールはなぜ拉致されたか？

まず、拉致（誘拐）や人質、捕虜とは何かを明らかにする必要がある。

コロンビアでは、拉致事件は、2002年頃、年3000件起きていたと言われる。麻薬組織は他の麻薬組織や政府と取引をするために誘拐を行った。また単に営利を目的とした誘拐もある。これは主として一般の犯罪組織やゲリラ組織が行い、身の代金と交換で人質は解放される。この他に、ゲリラ組織は政治家を誘拐し、また兵士・警察官を捕虜として、政府との交渉を有利に導くために利用しようとする。特にFARCは、政府が監禁しているFARC兵士500人との交換にこれらの人質や捕虜を利用しようと望んでいた。さらに、ゲリラ組織や準軍組織は子供を拉致して兵士として使う。拉致された子供の兵士が8000人から1万3000人いることが報告されている。現在コロンビア全体で人質は3000人。FARCの擁する営利誘拐の人質は350人から700人、軍兵士・警察官の捕虜は22人いる。（2006年12月以来33人の政治家や兵士・警察官などのFARCに捕えられていた人質と捕虜が無条件釈放ないし逃亡により、自由を取り戻している。）

ゲリラ組織の誘拐作戦は、収入源としても、また政府との交渉の手段としても有効なため、一時盛んに行われた。営利誘拐の一例を挙げれば、2000年、スイスの有名な製薬会社ノバルティス社の社員2人がFARCに誘拐され、身の代金250万ドルが支払われて1年後に救出された事件がある。日本の企業人も誘拐されている。2001年、自動車部品製造の大手、矢崎総業の現地合弁会社ヤザキ・シーメルの日本人副社長村松治夫（ちかお）氏がボゴタ郊外である犯罪組織に誘拐された。この組織は村松氏をFARCに売り渡し、FARCは9億円とも30億円とも言われる身の代金を要求した。米国の専門会社にまかされた交渉は長引きそして途絶え、[1] ついに2003年11月、軍が本人の遺体を確認した。軍はこれを軍の救出作戦の失敗による殺害とする見方を否定していたが[2]最近、この「日本人企業家がコロンビア軍による救出作戦の際に殺害された」と、スイス密使は語っている[3]。政治家の誘拐の例としては、2002年FARCによる州議会議員12人の誘拐がある。2007年6月、武力攻撃を受けたFARCは12人のうちの11人を殺害した。政府はこの攻撃は政府軍が行ったものではないと発表したが、いずれにしろFARCは武力攻撃を受けた場合は人質を殺すという戦略を公にしている。

ジュネーブ条約に基づいた人道的調停による捕虜交換（FARCに囚われている軍兵士や警察官と、政府の監獄に囚われているFARC兵士500人の交換）と、政治家の人質の無条件釈放が要求されるのは、このような事情による。しかし自国が内戦状態にあることを認めないコロンビア政府は、捕虜交換は戦争状態にある二国間の問題であるので、国内の反抗分子FARCとの捕虜交換はしないという態度を貫いている。FARCの擁する人質や捕虜の救出に軍事作戦が優先されているのはそのためである。

イングリッド・ベタンクールはなぜ拉致されたか？

「1998年8月就任したパストラナ大統領は、FARCやELN（などゲリラ組織）との和平を最大の任務として掲げ……FARCの最高司令官マヌエル・マルランダと初めて会談した。この会談で、FARCが停戦と和平交渉開始の条件としていた南東部のメタ、カケタ両州にまたがる広大な地域から治安部隊を撤退させることで合意する。両州は、FARCが30年かけて築いた軍事、自治、経済（コカ産業、資金投資）を基礎とする〈勢力圏〉である。」そしてこの98年11月に設定された「治安部隊撤退地域（デスペヘ）はFARC領土（ファルクンディア）とも呼ばれた。」「デスペヘは事実上のFARC自治地域で、政府が公認する〈国家の中の国家〉である。……FARCは……カケタ州の中心都市サンビンセンテデルカグアン近郊のロスポソスで、パストラナ政権との和平交渉を99年1月開始した。」一方パストラナ政権の「コロンビア・プラン」に、米国クリントン政権は多大

［1］ 伊高浩昭『コロンビア内戦：ゲリラと麻薬と殺戮と』論創社、2003
［2］ ウィキペディアアフリー百科事典
［3］ Le Monde 紙 2009. 2. 7. コロンビア問題に関してのJ. P. Gontardインタビュー

な軍事援助を与えた。「米国の軍事援助は〈麻薬取り締まり〉の名を借りたゲリラ掃討戦への軍事支援だった。[4]」

4万2000平方キロの治安部隊撤退地域、いわゆる「非武装地帯」の一番大きな町は、サンビセンテデルカグアンである（住民6万人、サンビセンテとも呼ばれる）。この町の近郊で和平交渉が行われ、250人のFARC兵士と14人の人質の交換も行われた。ところが2000年の地方選挙で、すでに一年来非武装地帯にあったこの町の町長に、FARCの支配を斥けて、イングリッド・ベタンクールの「緑のオクシヘノ党」候補者が選出されたのである。サンビセンテは、生まれて間もないこの小さな政党がこの時、全国で唯一獲得した町であった。イングリッド・ベタンクールはこの選挙運動のためこの町を度々訪れている。彼女の政党がこの町の住民の支持を得たのには次のような理由があった。彼女は住民にこう呼びかけたのである。「政府は（治安部隊撤退地帯設置にあたっても）、住民であるあなた方の意見を考慮に入れるということはしませんでした。でも私は皆さんと共にいます。将来、幸福な時にも、困難の時にも、皆さんと共にいるため、私は皆さんの町長にこの人を推薦するのです。」しかしFARC支配下の、つまりFARCと何らかの交渉をもった生活を余儀なくされていたこの町は、猜疑と恐怖に充ちた沈黙の町でもあった。[5]

政府はしかし、FARC同様、本気で和平交渉に取り組んではいなかった。「治安部隊撤退地帯」を設定しただけで、この地域の住民のための政策を何ひとつ行わなかった。他方FARCはこの「FARC領土」を基盤にしてテロや誘拐作戦を全国に展開していった。こうして3年後には「非武装地帯」は犯罪者が逃げ込み犯罪の横行する「無法地帯」となり、和平交渉が茶番劇であったことが明らかになった。そして「非武装」解除が叫ばれたり、和平交渉続行が試みられたりしている不安定な状況のさなかの２００２年２月20日、ＦＡＲＣは上院和平委員会会長の乗った旅客機を乗っ取って州道に着陸させ、会長を連れ去ったのである。この日大統領は軍と国家警察に付き添われて、その夜０時をもって「非武装」を解除すると宣言し、翌21日から政府軍はＦＡＲＣの領土に入って行った。サンビセンテはこの作戦の中心にある。住民たちは恐怖に囚われた。町は戦場となるであろう。ＦＡＲＣが来、政府軍と準軍組織が入って来て、ＦＡＲＣに協力していたと目される者も、目されない者も、彼らの報復の犠牲になるであろう。すでに行方不明者や死者が出ている。町長や町の活動家たちからの電話がイングリッド・ベタンクールの選挙事務所で鳴り続けた。

22日、彼女の選挙事務所で会合がもたれ、サンビセンテへ行くべきであるという決定がなされた。会合の中には、危険だから絶対に行くべきではないという、かつてゲリラ組織Ｍ19のメンバーだった者の意見もあった。しかし、大統領選候補者である自分が行けば町の流血は避けられるであろうとい

［４］ 伊高浩昭、前掲書

［５］ Adair Lamprea : *Parce qu'ils l'ont trahie*, Hachette, 2008. 著者ランプレア氏はイングリッド・ベタンクールの選対幹部だった。そして彼女が拉致された時乗っていた車を運転していた。この事件以後、氏はボゴタで死の脅迫を受け、パリに移住している。

うのがイングリッド・ベタンクールの希望であり、期待であった。そしてこの決定はこの日の午後、記者会見で発表された。（この直後、他の二人の大統領選候補もサンビセンテ行きを発表したが、最終的には断念している。）

翌2月23日朝6時の飛行機で出発することになった。飛行機でボゴタからフロレンシアまで行き、そこから２００キロのところにあるサンビセンテまでは、飛行機はもはや機能していないから、かといってすでに戦闘の開始している地域を車で行くわけにはいかないから、ヘリコプターを用いるしかない。イングリッド・ベタンクールは前夜、幼なじみでもある大統領の兄に電話で、軍の協力を得る約束を取り付けた、とランプレア氏は語っている[6]。

サンビセンテ行きが危険である事を彼女は充分承知していた。その晩彼女が会った母親も父親も、彼女が危険な旅行をすることを知らされている。また彼女は彼女に同行するフランス人ジャーナリストやカメラマンたちに、危険であることをよく知って同行するか否かを決めるよう求めている[7]。

早朝のボゴタの飛行場にはテレビ・カメラが来ている。彼女はカメラに向かいサンビセンテの住民にあてて「あなた方をひとり置き去りにはしません。我々が行きます」というメッセージを発した。（警官やボディーガードを含む）一行11人が7時半にフロレンシアに着くと、「警察の司令官が我々を待っていて、ヘリコプターは来ています、離陸の命令を待っています、すべてＯＫです、と言った[8]。」

しかしそのヘリコプターは離陸せず、一行は4時間半飛行場に釘付けにされる。その間、大勢のジャーナリストを率いた大統領の一行がボゴタから着き、そして何台ものヘリコプターに分乗してサンビセンテに向かって飛んで行った。（彼女は飛行場で待たされることになる時まで、大統領がサンビセンテへ行こうとしていることを知らなかった。つまり大統領は彼女の決定より後に、サンビセンテ行きを決定したという推定が成り立つ——母ヨランダ談話）。そしてついに軍はイングリッド・ベタンクールにヘリコプターを与えなかった。これに抗議する彼女に軍は、どうしても行きたいならお行きなさいと言って、日産の5人乗りピックアップ・トラックを提供した。また彼女のボディーガードには、彼女と同行しないようにという中央からの命令が伝えられた。イングリッド・ベタンクールは、「これからの道路上で我々に起こることについては政府に責任があることを、コロンビア人にはっきりと知っておいてもらいたい」という声明と、「これからの我々の運命は神の手にある」という言葉を残して、車に乗り込んだ。この時彼女に同行したのは、クララ・ロハス、ランプレア、フランス人写真家、コロンビア人カメラマンの4人である。この時も彼女は同行するか否かは各人の意志にまかせている。[9] 彼女は道程の危険性を充分知っていたのだ。

道路はまったくの無人だった、と同行者の一人は語っている。道路には地雷が埋まっている危険性

［6］ Adair Lamprea. 前掲書

［7］ フランステレビ局フランス2のルポルタージュ、前掲資料、フランス人写真家談

［8］ Adair Lamprea. 前掲書

［9］ フランステレビ局フランス2のルポルタージュ、前掲資料

が大いにある。５人はまったくの沈黙と緊張のうちに前進した。カメラマンは恐怖のあまり泣いていた。ある地点でＦＡＲＣ兵士が現われ車を止めさせた。前方には大きなバスが行く手を遮っている。そのバスには爆弾が仕掛けられている。イングリッド・ベタンクールはＦＡＲＣの責任者と話したい、と要求した。折衝が行われ、彼らの車が誘導を受けてバスを迂回しようとしていた時、後方で爆発が起こった。ＦＡＲＣ兵士のひとりが地雷を踏んで、悲鳴をあげている。イングリッド・ベタンクールは車を後退させ、怪我した兵士を乗せてどこか手当の出来る場所に運ぼうとした。こうして、彼らの車は、バスの向こう側、サンビセンテ方向ではなく、別の方角に進んだ。到着場所で、彼女はクララ・ロハスとともにＦＡＲＣに逮捕された。３人の男性は、翌日釈放された。[10]

この日のその後の経過を、フランスのル・モンド紙は次のように報じている。「アンドレス・パストラナ大統領は、土曜日２月23日、政府軍が反政府ゲリラＦＡＲＣから奪回した地域の中心地サンビセンテの住民千人によって熱狂的に迎えられた。……大統領は２人のアメリカ軍高官に伴われていた、とワシントン・ポスト紙は報じている。[11]」

こうしてイングリッド・ベタンクールは６年４ヵ月、人質としてアマゾンのジャングルに囚われることとなったのである。この間に４度、ＦＡＲＣは彼女を撮影したビデオを届けてきた。１度目は拉致の５ヵ月後の２００２年７月。２度目はその１年後の２００３年８月。そして最後は、実にその４年後の２００７年11月末、『ママンへの手紙』が書かれた時である（もう一つのビデオは父親の死に際してのもので、公開されていない）。１度目のビデオでイングリッド・ベタンクールは、コロンビア共和国の検事総長に、自分のＦＡＲＣによる拉致の状況を捜査するよう要求している。そして政府と政府軍が彼女にジャーナリスト用ヘリコプターに乗ることを許可しなかった事実を非難している。また「この森の中で、沈黙と隔絶のうちに私は、１５０人の外国人ジャーナリストがサンビセンテへまったく安全に到着したにもかかわらず、ひとりの大統領候補者にはなぜそれが拒否されたのか？政府の優先問題とは何か？治安と安全選挙に関する国家の政策はどんなものか？という問いを発している[12]」。

母親のヨランダは毎朝ラジオ放送で、娘イングリッドに向けて声のメッセージを送っていた。これらのメッセージは、ジャングルに捉えられている娘を励ますための私的なものであるが、後に出版された。彼女はそこで、イングリッドがサンビセンテへ向けて出発する前夜に、「自分は彼ら（町の住民）に良い時も悪い時もあなた方の傍にいる、と約束した。和平交渉は破棄されたので、彼らは私が行くのを期待して待っている」と言っていたことを思い出している[13]。また一行が拉致直前に寄ったガソリンスタンドで働く女性は、危険だから行かないようにと言ったが、イングリッド・ベタンクール

［10］ Adair Lamprea. 前掲書
［11］ Le Monde, 2002. 2. 26.
［12］ La Libre Belgique 紙（ベルギー）
［13］ Yolanda Pulecio Betancourt : *Ingrid ma fille, mon amour*, Robert Lafont, 2006.

は「サンビセンテへ行かねばならない、そこの人たちが自分を必要としているから。大勢の人たちが村から追い出されるのを解決しなければならない」と答えた[14]。

イングリッド・ベタンクールは2008年7月2日、ジャングルから救出された数時間後に、ボゴタ近郊の軍用基地に飛行機で到着した。その場ですぐに行われた記者会見で質問攻めにあった彼女は、驚くべき正確さと感動をもって、ユーモアさえ交えて、淀みなく答えていった。だがひとつの質問が彼女の息を詰まらせた。「拉致の原因となった行動を後悔していますか？」彼女の体が震えて揺らいだように見えた。傍らから母親が彼女を抱きかかえるように支える。そして彼女は静かに語り出した。「あれは運命でした。……あの時私はあの町に、どうしても行かねばならなかったのです。そのため家族には大きな不幸をもたらしましたが、やはり今でも、私は同じ行動をとると思います。」最後の言葉は消え入りそうであった。翌日、ボゴタのフランス大使館前にいるイングリッド・ベタンクールに、フランスのテレビニュースのキャスターは実況放送で、「あの無謀な行為をどう思いますか？」と尋ねた。彼女は再び声を低くして、「あの町にはどうしても行かねばなりませんでした。今でも、私は自分の行為を理解できると思います」と答えたが、やはり最後の言葉は聞き取りにくいほどの慎み深さに溢れていた。そのまた翌日のパリのエリゼ宮での記者会見でも、さらに、アメリカCNNの人気テレビトーク番組「ラリー・キング・ライブ」とNBCニュースのインタビュー2つでも、彼女は同じ質問を受け、同じ答えをしている。「(私の) 拉致は私の過ちだと多くの人は言いましたが、あれは私の過ちだったのではありません。あれ（あの行動）は、原則的な決定から来たものでした。[15]」

［14］　フランステレビ局フランス2のルポルタージュ、前掲資料
［15］　Libération 紙、2008. 7. 11.

イングリッド・ベタンクールおよびその他の人質の救出運動

イングリッド・ベタンクールの救出運動は、彼女の拉致直後に始まった。

本人が拉致数時間後に父親にあてて自分の拉致を知らせるファックスを送ったので、父親は知人でもある大統領らに電話で協力を求めた。彼女の家族は諸国の元首や外交官と友交があるから、直ちに行動を起こしたはずである。家族の活動については後に述べるが、その力とその態度は特筆に値する。またそれは本人にとって、強い精神的支えとなった。諸国政府（特にフランス、スイス、スペイン、ベネズエラ）やヨーロッパ議会はコロンビア政府との外交を通じてイングリッド・ベタンクール救助のために努力した。

他方、一般人による救出運動も重要であった。この無名の人たちの運動も、彼女が拉致された翌日から始まった。

イングリッド・ベタンクールは２００８年7月2日、コロンビア政府軍によって、アメリカ人３人を含む15人の人質と共に救出された。その翌日彼女はパリから特別機で迎えに行った家族やフランス外務大臣に付き添われてボゴタを発ち、7月4日、パリの軍用飛行場に着き、サルコジ大統領夫妻に迎えられた。飛行機の到着を待ちながら、テレビ実況放送をするキャスターは、「我々はまだ会ったことも見たこともない、まったく知らない人を迎えるわけです」と語って興奮を隠さない。またその数日後、イングリッド・ベタンクールがパリの市庁舎で、何年来市庁舎前面に掲げられていた自分の大きな顔写真を取り除いた時、パリ市長は「知らない人を我々がこれほど愛したことはかつてなかった」と述べた。アマゾンのジャングルの奥深くにじっと囚われていた彼女は、その6年間に世界に広く知られるようになったのである。彼女の救出運動の力はそれほどに大きかった。

彼女をかくも有名にした運動とは?

それは、コロンビア以外の土地で、コロンビアの政治に直接関わりのない人々によって、イングリッド・ベタンクールの活動をその著書などによってのみ知っていた人々によって始められ、インターネットを介して進められ、広く国際世論を獲得するに至った運動である。

2009年からコロンビアとベルギーの2人の研究者が、「イングリッド・ベタンクール委員会世界連盟」の運動についての調査研究を開始した。インターネットの力を用いたこの運動は、1世紀前ゾラがドレフュス事件で、当時生まれたばかりのメディアである大新聞の力を用いて世論に訴えた運動に比されている。

それは新自由主義のグローバリゼーションと闘う「グローバルな草の根運動」であるかもしれない。[1]

チョムスキーも「世界フォーラム」を語って、オルターナティブなグローバリゼーションのあることを確信している。[2]

この運動は計らずして、イングリッド・ベタンクールがその著書でなそうとしたことを実現したとも言うことができる。彼女はコロンビアの内情に関するその著書をまずフランスで出版し、世界に向かって呼びかけたのであった。コロンビア国内で孤立していた彼女は当時、「フランスの支持を得たかった」のだ。この運動は、イングリッド・ベタンクールの足跡をたどりつつ、彼女が意図したように、コロンビア問題を世界の目の前にひきずりだしたのである。

イングリッド・ベタンクールは救出2ヵ月後にフィレンツェ市を訪れて市の栄誉賞を受けたが、この時彼女は、この民間の救助運動がコロンビア人質問題を国際的な関心事にしたため、FARCは人質の生命を尊重せざるを得なくなり、ウリベ大統領は武力による人質解放作戦を断念せざるを得なくなった、私は5回逃亡を試みたが、それでも殺されなかったのはこの運動のお陰である、と述べた。

仏領ポリネシアでは、イングリッド・ベタンクール拉致のニュースが報じられた翌日に救助運動が

［1］ Anne Montgomery :《Globalization and 'free' trade in Colombia》, *Colombia Journal*, 2001. 益岡賢のページ「コロンビアにおけるグローバル化と〈自由〉貿易」2002

［2］ Le Lavage de cerveau en liberté, チョムスキーのインタビュー、Le Monde diplomatique, 2007. 8. 第9回世界フォーラムは2009年2月ブラジルのベレンで開催された。

決意されている。この運動の本部があるベルギーでは、この運動はどのように起こったのだろうか？

現在の「Libertad 委員会世界連盟」www. InfoLibertad. com（前「イングリッド・ベタンクール委員会世界連盟」）の創始者・会長のアルマン・ビュルゲ（Armand Burguet）氏は、イングリッド・ベタンクールが拉致される前年、婦人の日（２００1年3月８日）にちなんで、若いコロンビア女性イングリッド・ベタンクールの勇敢な政治活動を紹介する短い文章を、彼が参加するあるサイトに載せた。ちょうどフランスでは、彼女の著書『それでも私は腐敗と闘う』が出版され、テレビやラジオなどでも彼女のインタビューが見られるようになっていた頃である。彼女は翌年の大統領選に向けて活動を開始していたのだ。

２００２年２月24日の朝（拉致の翌日）、ビュルゲ氏はイングリッド・ベタンクールの消息を問い合わせる80以上のメールを受け取った。この日、国連は遺憾の意を表するコミュニケを発表している。**25日**、インターネットの威力を知った彼は、サイト内に新たなページをつくり、イングリッド・ベタンクール拉致に関する情報やプレス・レヴューを提供し始めた。「何かできることはあるか？」と尋ねてくる人々がいる。彼はこの人たちの連絡網をつくるとともに、イングリッド・ベタンクールの家族と連絡をとろうとした。同日、最初にイングリッド・ベタンクールの拉致を報道したのはカナダのインターネットのサイバー・プレス、ベルギーの日刊紙ラ・リブール・ベルジック。フランスではル・モンド紙、リベラシオン紙をはじめ多くの新聞が報じた。

「イングリッド・ベタンクールの拉致以前、コロンビアの現状について知っている人は少なかった。

メディアではパブロ・エスコバールや麻薬カルテルがよく扱われ、時たまゲリラも扱われていた。だが２００２年2月以前に誰が、世界の拉致事件の80パーセント以上がコロンビアで起こっていることを知っていただろうか。コロンビアで３０００人以上の人質が囚われていることを知っている人がいただろうか。イングリッド・ベタンクールは自分が拉致されることにより、そして自分の拉致が人々に引き起こした衝撃によって、無名の人質たちに名前と顔を取り戻させたのである。イングリッド・ベタンクールは氷山の一角にすぎなかったが、その現実の大きさを推し量り得ていた人は当時、きわめて少なかった。それぞれの委員会はやがて３０００人の人質さえ、人権問題に関わるコロンビアの惨状のほんの一部にすぎないことを知るに及んだ。こうして、当初は拉致犠牲者の問題だけに集中していた情報活動は急速に、より広範な範囲に及ぶようになり、コロンビアにおける暴力の犠牲者の問題を国際世論に訴えることを目的とするようになった[3]。」

娘に向けたラジオ・メッセージで、イングリッドの母親ヨランダはアルマン・ビュルゲ氏についてこう語っている。「彼はあなたの掲げる理想を、あなたの拉致以後、常にしっかりと守って譲ることがなかった。彼はインターネットを通じて何千人もの人の関心を引き起こした[4]。」

コロンビアはこれまでゲリラと麻薬で知られる危険な国でしかなかった。ビュルゲ氏はしかし、イ

［3］　Armand Burguet :《Histoire des comités》, www. InfoLibertad. com
［4］　Yolanda Pulecio Betancourt : *Ingrid ma fille, mon amour*, Robert Lafont, 2006.

ングリッド・ベタンクールの拉致1年前にこう述べている。「私は物事の積極的な面を見るようにしたい。(腐敗と闘う) 勇気ある女性に注意をうながしたい。私は彼女の勇気に深く脱帽する。」

確かにイングリッド・ベタンクールは、否定的な論理や戦争の論理を逆転させた人である。彼女は、コロンビアのゲリラと麻薬を語るのではなく、コロンビアの平和を、コロンビア人の幸せを語った人である。彼女はそれを夢とも倫理とも(人道的あるいは普遍的)価値とも呼んでいるが、そのためには命をかけなければならないことを知っていた。そして自分の周りで起こった多くの暗殺を経験していた。にもかかわらず、あるいはそれゆえに彼女は、コロンビアの人たちの平和への希求を語ったのである。

2月27日、FARCはイングリッド・ベタンクールを捉えていることを発表し、政府の監獄に捉えられている500人のFARC兵士との「捕虜交換」のための調停が政府とFARCとのあいだで成立しない限り、彼女を釈放しない、またその調停が1年以内に成立しない場合には彼女の命は保障しない、と宣言した。

3月2日、より広範な情報を提供するため、独立したサイトbetancourt. infoがつくられる。ビュルゲ氏はイングリッドの家族と連絡をとりつつ、国際的連絡網を確立。フランス、ベルギー、ケベックで70人が協力を約した。

3月23日、イングリッドの父親が死亡。彼女の解放の目途は立たないので、ビュルゲ氏はコロンビアおよびFARCによく通じている人たちと相談して、運動の戦術を立てた。まず、FARCは自分たちが世界から「アンデスの森のロビンフッド」と見なされている面のあることを誇りとしているので、この点を利用すべきだと判断された。猶予期限1年以内に、コロンビアの人質問題を国際的に知られる問題にして、FARCがイングリッドを殺すことを避ける、という戦術である。そのための作戦として、

1　インターネットを通じて国際連絡網をつくる。

2　イングリッド・ベタンクールの名誉市民キャンペーン。これは市町村議会議員の運動への参加を得て、それを各国の国会およびヨーロッパ議会への呼びかけの足がかりとするためである。

4月9日。名誉市民キャンペーン開始。9ヵ国語での署名依頼をサイトに載せる。イングリッド・ベタンクール救助運動の世界的な規模をFARCに示すため、ビュルゲ氏は知り合いを頼って、世界中の人に連絡をとり、「委員会」の代表者になってもらうことを依頼した。当初は、どこの委員会もたいていひとりの人で始動したのである。

4月13日、7ヵ国に22の委員会ができた。

4月18日、最初の名誉市民決定。モンペリエ近くの小村バイヤルグ（Baillargues）。イングリッド・ベタンクールを300人の人質の代表として名誉市民にするキャンペーンは、この運動がもっとも力を注いだものである。解放された時、イングリッド・ベタンクールは世界2104の市町村、首都、県、州の名誉市民であった。フランスのいくつかの市町村は、クララ・ロハスも名誉市民と定めている。

その歴史を少したどると――
4月19日：Anthisnes（ベルギー、リエージュの近くの町）
6月：ブリュッセル（最初のヨーロッパ首都）
7月：ダブリン
9月：145の市町村（フランス35、ベルギー99）
同：パリ
12月：ローマ
2005年2月：マルセイユ
仏領ポリネシアではイングリッドを名誉市民にするのに、2年かけている。イングリッド・ベタンクールは解放後、彼女を名誉市民に定めていたフィレンツェやローマやブリュッセルを訪れた。
6月23日、イングリッドが拉致されて4ヵ月たった。ブリュッセルのコロンビア大使館のほとんど目の前にあるシモン・ボリバルの銅像の下で集会。銅像の周囲に3000の白い仮面が立てられた。このことは、この運動が始めから、後にメディアでしばしば語られたことに反して、イングリッド・ベタンクールひとりではなく、彼女に代表されるコロンビアの人質3000人の解放を目的としていたことをはっきりと示している。
7月23日、FARCはイングリッド・ベタンクールを写したビデオをテレビ局に届けた。
クララ・ロハスとともに画面に現れた彼女は、コロンビアの検事総長に自分の拉致の状況を捜査するよう求め、パストラナ政府と軍が自分にジャーナリスト用ヘリコプターに乗ることを許可しなかったことを批判した。

当時のジャーナリズムは、コロンビアでは1964年来20万人以上の人が死に、年平均3000件の拉致事件が起きている、と報じている。またアムネスティ・インターナショナルは「2000年、4000人以上が政治的殺人の犠牲となり、300人が行方不明となり、30万人が国内難民となり、少なくとも1500人が反政府ゲリラないし準軍組織に拉致された」と報告している（2001年年報）。

9月、23ヵ国、169の委員会（うち69がフランス）ができた。

11月、6万人の署名をヨーロッパ議会に提出。

（同年12月、ドイツの Heinrich Böll 基金（ドイツ緑の党）がイングリッド・ベタンクールに Petra Kelly 賞を授与。

イングリッド・ベタンクールは人質であった6年間に世界のさまざまな賞を授与されている。そのたびに家族の誰かが賞を受け取りに出かけて行くのだ。これらの賞は、イングリッド・ベタンクール救出がいかに世界のさまざまな領域で要求されていたかをうかがわせる。それらの賞を見ると――

2003年ローマ市は、イングリッド・ベタンクールを名誉市民と定めると同時に、彼女の高貴なる闘いを称えて、賞を贈った。

2004年1月、国際世論にアピールするため、フランスの国会議員がイングリッド・ベタンクールをノーベル平和賞に推薦。

２００４年３月、自由と民主主義原則を称揚する、オランダでもっとも重要な賞Guzenpenning賞。

２００４年９月、ベルギー、リエージュ大学、イングリッドを名誉博士に指名。

２００４年10月、米国、ワシントンのMoral Courrage基金のJan-Kareti賞。授賞式には娘のメラニーが出席。参列者にはヒラリー・クリントン、アムネスティ・インターナショナル、人権国際連盟、国連事務総長代理ら。

２００５年３月、ドイツの、腐敗に対する闘いを称えるAnticor賞。同時受賞者としてはフランスの政治家シモーヌ・ヴェイユ女史がいる。

２００５年11月、フランス、アヴィニョン市のJustice d'or賞。）


「委員会で活動している人たち数百人は皆ボランティアである。ほとんどの人はお互いに会ったことがないし、けして会うこともないであろう。名前、メール・アドレス、電話での声、これが各自が仲間について知っているすべてであった。フランスのメディアでよく言われたことに反して、彼らはイングリッド・ベタンクールだけのために活動していたのではない。彼らはコロンビアのすべての人質のために闘っていた。彼らは彼らの活動の目標を当初から、民主主義と人権が大幅に無視されている国コロンビアにおける、それらの価値の擁護に置いていたのである。[5]」この運動はいかなる財政的援助も受けていない。各人が自由にできる時間の範囲内で、自費で、活動している。

２００２年末、連盟は「政治的あるいは個人的な懐柔を避けるため」憲章を作成して統一を図った。憲章は次のように言う。

イングリッド・ベタンクール委員会倫理憲章

我々の目的はイングリッド・ベタンクールとクララ・ロハスおよびコロンビアの人質全員を平和的手段によって解放することである。

我々は人権と民主主義を擁護するもので、これらの価値を擁護しない個人や組織と協力することは避けなければならない。我々はコロンビアのため、特に以下の事柄を要求する：

＊平和プロセスの早急の実現とすべての人質の解放。

＊人間と児童の権利の尊重。

＊人権侵害の実行者、推進者ないし協力者を、また、所属を理由にした一般市民の殺害の実行者、推進者ないし協力者を無処罰のまま放置しないこと。

＊コロンビアに真の権利確立をもたらすこと。

我々は、コロンビアにおいて、また我々自身の国において、いかなる特定の政党も支持しない。そして我々は我々の運動があらゆる党派的な行動と明確に区別されていることを望む。我々はイングリ

［5］ Armand Burguet. 前掲資料

ッド・ベタンクールとクララ・ロハスとその他すべての人質たちの解放を、彼らの思想や彼らが参加するかもしれない組織とは関係なしに、実現するために闘う。
我々は宗教的ないし哲学的ないかなる運動にも属さない。
我々はイングリッド・ベタンクール、クララ・ロハス及びその他の人質の家族たちと積極的な連帯をうち立てたいと望んでいる。しかし我々は、それら家族の私的ないし家族的な利害ともまったく関係なしに活動する。（2008年イングリッド・ベタンクール解放後、連盟の名称は「Libertad 委員会世界連盟」と改まり、憲章も改まった。）

当初、各国の委員会はそれぞれ、自国の法律に従って協会をつくったり、地方ごとにまとまったりしていたが、2005年1月、イングリッド・ベタンクールの幽閉はまだ当分続くらしいという見通しを立てざるを得なくなった時、「イングリッド・ベタンクール委員会世界連盟」としてまとまることにした。ほとんど（すべてではない）の委員会が結集した。

2003年2月、イングリッドの前夫ファブリスと娘メラニーが初めてヨーロッパ議会を訪れる。
拉致された当時イングリッド・ベタンクールは、確かに話題の多い新進の政治家であったが、その一面、跳ね上がりの自由奔放なブルジョワ女性とも見られていた。彼女の拉致は、年に1500件とも3000件とも言われる拉致事件のひとつにすぎなかったし、コロンビアの政治家たちはこれを意識的に無視する方が有利であることを知っていた。彼女の救出運動は官民いずれもコロンビアの外から起こったのである。このことは、ボゴタに住んで、毎日、娘の救出のために奔走していたイングリッドの母ヨランダの娘にあてたラジオ・メッセージに読み取ることができる。(これらのメッセージはその日その日に、後に発表されるなどとは予想もせずに書かれた私信である。)

「コロンビアではイングリッドはジャーナリズムに徹底的に無視されている。」(2002年4月)

「コロンビア政府は拉致について無視の態度をとり、コロンビア人はこれを宿命ないし永続的な不運と見なしている。」(2004年1月)

「3000人の人質がジャングルで苦しんでいる。なのにそれを何とかするために誰も指一つ動かさない。」(2005年6月)

「前大統領ガビリアの妹が殺された。恐ろしいことには、もう誰も、このような暗殺に心を動かされなくなっている。犯罪と卑劣な行為はあまりに多いので、もはや人々の怒りを引き起こすことさえない。コロンビアは麻痺してしまっている。[6]」(2006年4月)

コロンビアの問題は一般には知られていなかった。そしてイングリッド・ベタンクール事件はほんの氷山の一角にすぎない。こうして、コロンビアの現状についての情報活動が始まった。「世界連盟」はベルギーのアムネスティ・インターナショナルとグルノーブルの平和運動「平和学校」と協力して「移動展示――コロンビア、すべての人に自由を」をブリュッセルの欧州委員会のビルで開催し

〔6〕 以上、Yolanda Pulecio Betancourt. 前掲書

た。開催直前にコロンビア大使館が一部のパネル——極右準軍組織、人権運動家の殺害、何百万人もの強制退去させられた人々などについてのパネル——をはずすよう要求してきた。このことは逆にこの展示に話題をなげかけ、以後「移動展示」はヨーロッパ諸国を巡回した。

「自由の写真」キャンペーン。「Libertad」と書かれたTシャツを着た個人の写真を載せるサイトを作成。コロンビア人質全員の解放のために国際世論が動いていることをコロンビアに示して、コロンビアに直接のインパクトを与えるのがこのキャンペーンの目的である。芸能人、スポーツ選手、政治家たちを含む8000人以上の人の写真が集まった。

「航空便＝3000」キャンペーン。人質のためのコロンビアのラジオ放送「拉致の声」のサイトに発表されている人質3000人の名前の中から自由に選んだひとりに手紙を送るというキャンペーン。これはヨーロッパ人にコロンビアへの関心を直接的にもたせるのを目的としている。手紙はすべて、フランス、ドローム県のある小村へ送られる。その村の広場は「イングリッド・ベタンクール広場」と命名され、そこがコロンビア人質の象徴的な「住所」とされた。手紙は袋に詰められて、機会あるごとに、コロンビアの諸都市に運ばれた。第1回の「配達」では3000通が、以後1万2000通の手紙が配達された。

「世界連盟」はコロンビアのNGO団体Pax Christiと協力して、ハノーヴァーやストックホルムの市長、ベルギーの民主主義的政党を代表する15人の女性国会議員をボゴタに案内して人質の家族との会見を組織した。これはそれぞれの国において問題への関心を高めることを目標としている。

「世界連盟」はまた、コロンビアで武力による人質救助作戦が日程に上った時、ヨーロッパの学者ないし政治家たちが、米国の外務省委員会に属する上院議員宛に手紙を出すというキャンペーンを行った。同様のキャンペーンは、イングリッド・ベタンクールの健康状態が危ぶまれて緊張の高まった2008年4月にも、解放されたばかりの元FARC人質で元上院議員ペレス氏の要請により「人権国際連盟」(Fidh) と協力して行われた。

2008年1月、「世界連盟」はコロンビアのNGO団体 Planeta Paz と協力して、コロンビアないし世界の進歩的知識人300人が署名した「宣言書」を公表した。この宣言書はコロンビアの人質の運命およびそれを通じて明らかになるコロンビア一般市民の惨状を前にしての人々の苦しみと恥辱感を表明している。300人のうち228人は主として世界的名声をもつコロンビア人である。この署名運動は日本でも小規模ながら行われた。署名者のうちにはノーム・チョムスキーやフランスの哲学者ミシェル・セールらの名が見られる。

スポーツ界もこの運動に参加した。イングリッド・ベタンクールの顔のついたTシャツを着て入場する選手たち、サッカー場に掲示されたイングリッド・ベタンクールの大きな肖像写真、試合の前に読み上げられるイングリッド・ベタンクールの家族のメッセージなど。

芸能人や歌手の応援もあった。2005年、フランスの歌手ルノーが「世界連盟」に電子メールを送り、支援を申し出てきた。「イングリッド・ベタンクールにたいする称賛と家族の苦しみにたいする共感を、歌で表現したい……このイングリッド・ベタンクールへの連帯のメッセージは、世界のあちこちに囚われている人質全員にたいする連帯でもある……」２００５年末、彼の作詞・作曲した歌「ジャングルの中で」は世界19ヵ国語に訳されて歌われた。

２００６年秋、パリ、シャンゼリゼ通りにあるルノー・バロー劇場で、芸能人や歌手らが集まり有名人を招いて、人質解放を訴えるコンサートを開いた。

２００７年秋、コロンビア人質問題に解決への可能性が生まれた。コロンビア政府はコロンビア上院議員ピエダッド・コルドバ女史とベネズエラのチャベス大統領がＦＡＲＣとの仲介役を果たすことを認めたのである。11月、イングリッドの母ヨランダの家にカラカスでチャベス大統領と会談中のピエダッド・コルドバから電話があった。ＦＡＲＣとの交渉は進み、ＦＡＲＣはイングリッド・ベタンクールやその他の人質の生の証しを提出することや、政治家など民間人の人質数人の釈放を受け入れた。ただその条件として、国際世論が人道的調停の原則を支持していることを世界に示すために、ボゴタ、カラカス、米国、パリで４つのコンサートを開くことが要求されている。しかもパリのコンサートは、予定されていたチャベス大統領のパリ訪問（彼はイングリッド・ベタンクールの生の証しを持参すると約束していた）以前に行われなくてはならない、という。猶予は12日しかなかった。「世界連盟」は資金も経験も皆無のままで、このコンサートの開催に挑んだ。パリ市と外務省の資金援助を得、歌手ルノーはフランスの有名歌手を出演料なしで大勢集めて、スペクタクルは実現された。あいにくこの日国鉄のストライキがあったが、それでも２０００人以上の人が参加した。「世界連盟」はこの時の負債をいまだに抱えている。

各地の「委員会」の活動。大きい催しから小さい催しまで、それぞれの委員会が行った活動は全部で1000を数える。これら地方ごとの活動は、特にフランスにおいて確実な支援ネットワークを作り上げるのに重要な役割を果たした。市場や村祭りでの署名運動や手紙キャンペーン、討論会、デモ行進など。たとえばオランダのルーヴァンでは2003年5月のウイーク・エンドに、官公庁の建物の壁にチョークで、3000人の人質の名前が書かれた。

グルノーブルの西、ヴェルコール山塊の麓を流れるイゼール川に添って点在する村のひとつラルバンク（l'Albenc）は、コロンビア人質救助運動の象徴的な中心地となっている。ここで12年前から始まった「自然の未来フェスティヴァル」には毎年2万人の人が集まる。2002年イングリッド・ベタンクールはこのフェスティヴァルとこの村の名誉会員・村民となった。彼女の子供たち、姉アストリッド、母ヨランダらもこのフェスティヴァルに迎えられている。2003年、「イングリッド・ベタンクール委員会」の全国会議はこのフェスティヴァルをコロンビア人質解放要求の象徴的な結集場所と定めた。

フランス北西部の都市カンには、第二次世界大戦の歴史を中心テーマとした「平和記念館」がある。この「平和記念館」はノルマンディー地方の「イングリッド・ベタンクール委員会」に協力していたが、2004年、「世界看視」と名づけられた展示でイングリッド・ベタンクールを扱う展示を開設した。またカンでは毎年、国際人権弁論大会が催されるが、2005年には参加者2人がイングリッド・ベタンクールをテーマとして弁論した。2007年には講演会「コロンビア惨状の中の人質」が開かれた。2008年の大会はイングリッド・ベタンクールとコロンビアの人質に捧げられた。同年、3000人の小学生がコロンビア国旗の色の服を着て、町の中を走った。

最初の一年はヨーロッパの世論を動かすための努力が行われたが、2003年からは、少なくとも、フランスでの状況は変わった。諸「委員会」はコロンビアに向けて訴えるのを目的とするようになったのである。コロンビアのメディアにアピールする目的で、大西洋沿岸の町 Port-des-Barques や Hermanville-sur-mer 海岸で、2000人、3000人の人が LIBERTAD（自由）や PAZ（平和）の人文字を描いた。

「世界連盟」の憲章は、もっとも広い支援ネットワークをつくるため、あらゆる政党からの独立を原則としているが、コロンビアでのイングリッド・ベタンクール救助活動は、主として、彼女が創設した「緑のオクシヘノ党」の周辺で推進されていた。そのため、またそれ以外の理由から、ヨーロッパとコロンビアでは、それぞれ独立した活動が行われていた。だが2007年末からボゴタの委員会は公式に「世界連盟」に合流した。

「世界連盟」は個人的な活動よりも協同の組織された活動を優先し、外部の諸組織とも協力して活動した。その諸組織とは、

人権同盟世界連合（Fidh）

フランス語圏ベルギー・アムネスティ・インターナショナル

平和の学校（グルノーブル）
国際人権オフィス、コロンビア活動（ODIDHACO）
拷問廃止のためのキリスト教協会（ACAT）
ブリュッセルおよびパリのコロンビア人会
その他多くの地方団体
「世界連盟」はまたフランスおよびベルギーの県や州の諸機関と緊密な協力関係をうち立てた。また、あらゆる民主主義的政党の積極的な支援を得、極右の反感をかっていた。
さまざまの立場の人や組織がこの運動を支援した。またその支援の仕方もさまざまであった。カトリック教会や「フランス大東社」。ベルギーでは教会および「非宗教行動センター」。コロンビアの団体では主として「FARCに囚われている軍兵士支援委員会」、「カンデラリアの母たち」、「人権と強制退去にかんする委員会」（CODHES）とコンタクトが保たれていた。
2003年2月23日、イングリッド・ベタンクールの拉致一周年。この日は「国際人質の日」とされて、フランスおよびその他の国20の都市で、2004年には30の都市でデモ行進が行われた。イングリッド・ベタンクール拉致1000日、1500日、2000日にもデモ行進が行われた。イングリッド・ベタンクールの顔が描かれ「全ての人質に自由を」と書かれた旗が、フランス、ベルギー、ノルウェーで、パナマのバル火山で、タンザニアのキリマンジャロ頂上で、アンデス山脈の南米最高峰アコンカグア（アルゼンチン―チリ）頂上で、コーカサス山脈最高峰エルブルス山（ロシア）で、エヴェレスト頂上で翻った。

ブリュッセル恒例のマラソン大会には各国から2万5000人が参加するが、2002年からイングリッド・ベタンクール委員会は彼女の肖像写真を掲げて参加し、多くの人の喝采を得た。ロッテルダムやワシントンのマラソン大会にもイングリッド・ベタンクールの肖像は参加した。

2007年6月、10年前に当時19歳で陸軍兵士だった息子をFARCに拉致された父親のグスタボ・モンカージョ氏は、コロンビア西南部の出身地サンドナからボゴタまで1300キロを歩き通して息子の解放を呼びかけた。9月には、「イングリッド・ベタンクール委員会世界連盟」に招待され、フランス、イタリア、スペインをミニバスで巡礼した。そしてさらに12月には、ボゴタから800キロの道を数百人に付き添われてベネズエラに入国し、さらに700キロ歩いてカラカスに到着した。モンカージョ氏の行脚は農村地帯のコロンビア人の支援を得るべく、以後も続いている。

2007年秋、FARCの要求に応じてパリ、ボゴタ、カラカスで「人道的調停」による捕虜交換を支持するコンサートが開催された。また、人質の無条件釈放を求める世界世論を獲得するため、『ママンへの手紙』が世界各地で出版された。

イングリッド・ベタンクールがパリの飛行場に着いた時、出迎えたサルコジ大統領は彼女に向かって、「何と言う（素晴らしい）家族でしょう！」と驚嘆の言葉を吐いている。確かに彼女の家族の彼女救出のための闘いは特筆されるべきであろう。

イングリッド・ベタンクールは拉致される10年前、夫や子供と別れてひとりでコロンビアに帰って政治活動を始めた。コロンビア問題は彼女の離婚の原因だった。ボゴタで子供と共に暮らすことができていたあいだも、彼女は国会内でハンガーストライキを行い、7歳の息子を心配させている。彼女がハンガーストライキをしている最中、息子は食事をとらなくなり、かろうじて食べても吐いてしまい、ついに入院が必定となった。彼女は息子を枕元に呼んで話しかけた。「（ストライキを）続けるためには私には力と勇気がいるの。あなたが食べてくれないと、その勇気が出ないのよ。あなたが食べてくれないとダメなの。私を助けてちょうだい。」その晩、男の子は夕食をとった。一方彼女は2週間の絶食の後に意識不明に陥って病院に運ばれた。

子供たちに対する死の通告を受けて後、彼女は子供たちを外国に住まわせていた。10歳の娘は母の身の上を心配していたが、彼女は娘にこう答える電子メールを送った。「死などたいしたことではありません。大切なのは愛です。私は何処にいようとも、たとえ死んでも、いつもあなたたちと一緒にいます。」子供たちは、母の活動を理解して、母親と離れて暮らすことを受け入れていた。彼女が拉致されて以後の子供たちの救助活動は常に、母親の活動の理解に基づいた、しかも愛情に溢れたものであった。彼らは父親に支えられて、被害者意識に陥らない、苦痛に身をまかせない、明るい青年の姿を見せていた。しかし娘メラニーが祖母ヨランダに語った次の言葉は、彼らがいかに苦しんでいたかを示している。「おばあちゃん、私たちの今の苦しみは私たちの生活を腐らせているの。この失われた年月を私たちはけして取り戻すことはできないわ。この苦悩とこのじっと待っている長い時間か

ら私たちが癒されることは絶対にない。私は体の一部を切り取られて生きている人間なの。」[7]（２００３年）

　イングリッドの母親は、毎日４時に起きて、ラジオによるメッセージを娘に送っていた。彼女はまた50年来経営している孤児院「子供の宿」の財政に苦労しながら、貧しい孤児たちの世話を続けていた。娘の解放に解決が見出されなくて絶望に陥る時、彼女は孤児たちの世話をすることによって慰みと勇気を見出していた。「私は70歳だが、娘が帰ってきた時に恥ずかしくないように、娘に誇りに思ってもらうために、元気でしっかりとしていようと思います。」政治家であった彼女は、チャベス大統領ら諸国の元首と会って、解決の道を探していた。

　イングリッドの前夫は外交官である。子供たちの養育を引き受け、イングリッド救助にも力を尽くした。イングリッドの姉アストリッドも自分の弁護士の仕事を縮小して、妹の救助運動に専念した。各地で開かれる講演会、討論会、テレビやラジオのインタビューなど、彼女は正確な言葉で事態の説明に力を尽くした。こうして家族のメンバー皆が、正当な論議を展開していた。子供らは母の生死に関する不安と苦痛を隠さなかったが、悲しい、母を返せ、といっただけの議論はけしてしなかった。彼らはイングリッド・ベタンクールが解放されれば、コロンビアの悲しむべき事態を解決するべく活動を再開することを知っていたし、それを願っていた。母親のヨランダは、イングリッド・ベタンクールが拉致された直後から、娘の解放は他の人質たちの解放と結びついていることを確信している。

「あなたの拉致事件が、他の人質たちの解放のために世界中を動員している。」（２００４年）

「あなたは人質たちの苦難のシンボルとなった。彼らの先頭に立って先導する旗印となった。」（２００５年）

「コロンビアはあなたのように強固で勇気あるリーダー、もっとも貧しい人たちの運命を本気で考えるリーダーを必要としている。」（２００５年）

「あなたの力と、あなたがいつも私に示してくれた毅然とした姿が、毎朝私を突き動かしてくれます。」（２００５年）

「これほど貧困に苦しむ子供を私はこれまで見たことがない。お腹がすいて泣かないように親に麻薬を与えられる小さな子供がいる。」（２００６年）

「３０００人のコロンビア人が、時には7年もの人質生活の苦難に耐えていることを世界が忘れないように……」（２００６年）

これらの言葉は母親ヨランダが毎日4時に起きて、ラジオを通じて娘に送ったメッセージである。ヨランダのメッセージを放送するのは「5時の道」という番組である。コロンビア北西の町カリに拠点を置き、月曜から金曜までの毎朝、人質の家族のメッセージを、直接ないし電話で受け付けて放送している。ヨランダは毎朝電話でメッセージを送るのだ。この番組は１９９７年にできた。

これよりさらに古いもうひとつの番組がある。有名な「拉致の声」で、どんな辺ぴな場所でも聞

［7］ Yolanda Pulecio Betancourt. 前掲書

き取れるようにと日曜日の朝2時から6時まで、国中がもっとも静かな時間に放送される。この番組は1994年にボゴタで生まれた。創始者はエルビン・オイヨス、カラコル・ラジオのジャーナリストである。彼自身1994年にFARCに拉致されたことがあり、その経験からこの番組を思いついた。彼は人質の最後のひとりが解放されるまで番組を続けると語っている。彼は2000年、「チェチェン、コーカサスの悲惨、戦争ルポルタージュ」でシモン・ボリバル・ジャーナリズム国際賞[8]を受けた。2006年、彼は、麻薬密売の罪で米国に引き渡されることになっている囚人たちをインタビューしたために、準軍組織から「72時間以内に国を去れ」という脅迫状を受け取り、国外に逃げた。インタビューされた囚人たちは、バナナ売り、カウカ州の先住民、ボゴタの電話器販売人などだったが、彼らはコロンビアの情報機関と米国の麻薬取締組織とによって、麻薬密売のボスないしは国際テロ組織アル・カイーダの協力者に仕立て上げられていたのである。2008年彼は、番組「拉致の声」の功績のため、アルゼンチンの出版社 Prorfil の「報道の自由 Prorfil 賞」を、またコロンビアの最高の栄誉である国家平和賞やシモン・ボリバル・ジャーナリズム国際賞を受けた。

この番組には、多くの若者たちがボランティアで協力している。夜中から、人質の家族がスタジオにやって来たり、電話でメッセージを伝えてくるのだ。若者たちは人質の家族支援のためにも協力している。番組は15年間で4000以上の「声」を集めた。

家族たちは、自分のメッセージを相手が聞いているかどうかを知ることができない。それは「大海に投げ入れた小瓶」とも、「祈りのようなモノローグ」とも形容される、何年も続く絶望的な行為である。イングリッドの母ヨランダは、娘は自分のメッセージを聞いているだろうか、と幾度も自問している。スタジオでは、あらゆる階層の人が入り交じる。元大統領や現職の大統領もメッセージを送るために電話をかけて来たという。9年来FARCに囚われているある警察官の家族は、最近、「生の証し」として本人の手紙を受け取ったが、そこには「ラジオ放送は我々の心の闇に光を点してくれる。肉親を目に見るような想像力を掻き立ててくれる」と書かれていた。イングリッド・ベタンクールは『ママンへの手紙』を次のような言葉で書き始めている。「毎朝私は4時に目を覚まして、ラジオで「5時の道」のメッセージをしっかり聴くために準備します。お母さんの声を聞き、お母さんの愛や優しさや希望への信頼や、私を一人ぼっちにしないための決然とした意志を感じて、私は一日また一日と希望を繋いでいます。」

心の闇に光を点す言葉、耐えるための、持ちこたえるための、励ましの言葉。絶望の中で、支えとしてはそれだけしかもたない者が待ち望む言葉。実体のない、触ることのできない、不在の、したがってそれだけ強烈な、まるで音楽のように人の心に響く言葉。聴く者の聴きたいという絶対的な意志を想定する言葉。聴く者の集中力を必要とする言葉、想像力を必要とする言葉、抵抗力を必要とする言葉。それが、人質たちが聞き耳をたてて待っている、じっと聞き入る言葉である。イングリッド・

［8］ 1975年ユネスコが創設した賞で、コロンビアにおけるジャーナリズムを対象とし、民主主義のための活動を称揚する。

ベタンクールは解放後、言葉のこの魔法のような力に、希望のすべてをかけるに至ったようである。

イングリッド・ベタンクールは解放以後、パリに住んだ。コロンビアでは身の安全が保障され得ないからである。彼女はフランス政府差し回しの車で、ガードマンに付き添われて行動していた。彼女は解放直後、自分はコロンビアの国のために、また世界の苦しんでいる人のために力を尽くしたい、とはっきり述べる反面、現在のコロンビアで行われている政治には参画しないと明言し、一般の期待に反して、大統領選に立候補する意志はないと述べた。

彼女はパリで、彼女の救助のために力を尽くした人々――シラク前大統領やヴィルパン前首相、パリ市長など――を訪問してお礼を言うとともに、モンマルトルの教会やルルドに参拝して、解放の「奇蹟」への感謝を神に捧げている。そしてセイシェル島で家族とバカンスを過ごしたあと、ヴァチカンを訪れてローマ法王に謁見し、ローマでイタリア大統領やローマ市長を訪問し、スペインでは国王をサルスエラ宮に訪ねている。[1] 9月にはニューヨーク国連本部でのテロ被害者にかんする国際会議

［1］ 拙文、日仏女性資料センター「女性情報ファイル」97号、２００９年2月、参照。

で講演し、記者会見では質問に答えて、「北朝鮮の日本人拉致問題については、人々が忘れないためのアピール」や「救出のための官民両レベルでの努力」が重要だ、と述べた[2]。

そして10月8日、彼女はヨーロッパ議会に招かれて講演した。

＊＊＊＊

親愛なる皆様、

国連とヨーロッパ共同体が共に人権世界宣言60周年を記念する本日、ここに皆様と共にいることは私にとって感慨深いことです。

この偶然の一致が、私にとってどんなに深い意味をもっていることでしょうか。つい3ヵ月前、私は深いアマゾンの森の奥から、皆様の活動を眺めていました。その時の私の大きな願いは、もっと多くの人がこの議場に来て、我々の名においてしゃべってくれることでした。なぜなら我々は、ある人々のきちがいじみた行動の犠牲となり、また別の人々には無視されたまま、囚われの身にあったからです。

今、この瞬間を皆様と共に生きることができるのは、まさに、奇蹟と言わなければなりません。私は賛美と羨望の念に充ちて、今日この議場に入りました。すべてのラテンアメリカ人同様私は、皆様の活動がモデルとして伝播して、我々も将来皆様に倣って、ラテンアメリカ諸国民統一のもと、ラテンアメリカ議会に結集して討論と尊敬のうちに、偉大で寛大な協同の運命の鍵を発見できることを夢見ます。

苦しかった数年間、皆様がどんなに私のことを思ってくださったかを、私はよく知っています。世界がコロンビアの人質に関心を示さず、それについて話すことがよく見られていなかった時代に、皆様が我々の家族を支援して運動に参加してくださったことを、私ははっきりと記憶しています。ジャングルの中で私は、ラジオが、まさにここで繰り広げられていた討論の詳細を伝えるのを聞いていました。画像はありませんでしたが、議会の様子を報道するジャーナリストの言葉を、私は聞いていました。ここから、この議場から、皆様のお陰で、皆様の諦念にたいする拒否から、皆様の沈黙による抗議から、最初の救いが私に届いたのでした。5年以上前すでに私は皆様のお陰で、自分たちがもはやひとりでないことを理解したのです。

この数年間、私が希望を失わなかったのは、私が生にしがみついていられたのは、日一日と十字架を背負っていられたのは、自分が皆様の心の中に存在していることを知っていたからです。私は、たとえゲリラが自分を身体的に消し去ることはできても、私の名前と私の顔は忘却に抗って皆様の思考の中に常に居場所を見出すだろうと、自分に言い聞かせていました。

［2］ 東京新聞夕刊、MSN産経ニュース、2008年9月10日

私が自由な世界に戻った瞬間から、私は、ここ、皆様の家、私にとっては自分の家のように思えるこの場所に来たいと願っていました。皆様が言ったこと、したことは一つとして無駄ではなかったと、私は皆様に言わねばならなかったのです。私が生きているのは、私が生きる幸せを再び見出したのは、皆様のお陰です。私が実際に救出されるずっと以前に、皆様の言葉は私を解放してくれたことを、私は皆様にはっきり申し上げたいと思います。

皆様の一人ひとりにお礼を申し上げます。皆様にはほとんど関係がないとさえ言える遠い国の出来事に心を開いてくださり、ありがとうございました。私は（去る9月に）、テロリズムの犠牲者というカテゴリーをつくる必要性に思い至り、国連で、テロ被害者の家族に表現の場を与える必要について話しましたが、それは皆様の活動をモデルとして考えたことでした。皆様の寛大さのお陰でヨーロッパ議会は、我々が受けた野蛮行為、そして今なお３０００人のコロンビア人が受けている野蛮行為がどんな規模のものであるかを世界に知らせる場となったのです。

ここで発せられた言葉、私と私の仲間の救出を可能にした言葉は、すべての人質やすべてのゲリラたちの生命を尊重して行動することが必要であることを人々に理解させました。この言葉の力、この暴力の不在は、皆様の要請、皆様の参画の結実です。

私は皆様の前で、我々の救出のために世界中の動員をうながした何千人もの（イングリッド・ベタンクール委員会世界連盟の）「自由の闘士たち」に称賛を捧げたいと思います。彼らは6年以上のあいだ毎日、我々の悲劇が無関心の泥沼に飲み込まれてしまわないよう、行動を起こしていました。

我々は救出されましたが、彼らの闘争は続いています。

彼らへの皆様の支援は、これまで以上に必要となっています。皆様が扉を開いてくださり、心を開いてくださり、時間を割いてくださることを、彼らは今まで以上に必要としています。しかし、我々は何よりも、皆様の言葉を必要としています。なぜなら、我々が信じて頼るべき唯一の武器は、言葉の力だからです。

言葉は、ご存知のように、きわめて重要なものです。我々が憎しみと暴力をもっとも効果的に打ち破ることができるのは言葉によってです。言葉で「言って」も、それが空気中に拡散してしまって、何も「できない」というフラストレーションを、皆様は一度ならず経験なさったことでしょう。皆様は自分の国、あるいはヨーロッパ共同体で実権をもたないこと、決定機関に属さないこと、物事が成立する場所にいないことを、残念に思うことがあったと思います。見えない物は存在しないという物質主義の世界では、そのようなフラストレーションは我々を常に脅かしているのですから。

しかし議会は言葉の、人を解放する言葉の殿堂です。社会的意識化の大きなプロセスのすべてが始まるのはここにおいてです。我々国民の緊急な問題が構想され表現されるのは、ここにおいてです。行政機関が「活動」を起こすとすれば、それはそのずっと以前に、誰かが、皆様のうちのひとりが、ここで立ちあがって発言したからです。

皆様は私同様ご存知です。皆様のひとりがこの議場で話すたびに、屈辱が退却することを。そう、「言葉」は現実世界に真の影響力をもっています。サルトルは子供の時からそれを感じていました。

フランソワーズ・ドルトは、人間は言葉の生きものであり、言葉は人を治療し、病気を治し、再生させると同時に、人を病気にもし殺しもすると言って、言葉の力を見事に表現しました。我々が口にする言葉は、我々のうちにある感動の力を帯びているのです。

たとえば私の娘は、私の不在のあいだ、かつて私が時に応じて書き残した言葉から力を得ていたのですが、私はそれを知って驚きました。当時私は、それらの言葉が娘にとって、根本的な、建設的な力をもっているとは想像してもいませんでした。とりわけ彼女は、私が彼女の14歳の誕生日に送った、でも私自身はそれを書いたことも忘れていた、一通の手紙を大切にしていました。彼女はその手紙を自分の誕生日が来るたびに読み直し、自分が変化するにつれて新しい自分に対応する、また自分がその時その時生きている事柄に対応する新しいものを、そこに見出していたそうです。なんということでしょう。もし私がそれを知っていたなら、私はもっと慎重に、もっと愛をこめて、もっと確信をこめて、彼女に語りかけたことでしょうに。

——（中略）——

幽閉中、私は私の誘拐者たちの社会的行動について、充分時間をかけて観察することができました。私の見張り番をしていたゲリラたちは、私の子供たちと同じ年頃です。若くて11、12、13歳、大きくてせいぜい20から25歳。彼らの大半、95パーセントはＦＡＲＣに徴集される前には、コカの葉の集荷人「ラスパチーネス」として働いていました。彼らは夜明けから日暮れまで、コカの葉をコカインの元となるコカのパテにする仕事をするのです。

彼らはたいてい、僻地に住んでいる若い農夫ですが、衛星テレビ放送を見ているので、世界で起こっていることによく通じています。我々の子供同様、彼らは情報づけにされていて、アイポッドやプレイステーションやＤＶＤを夢見ています。しかし彼らが夢見る消費社会は彼らには手が届きません。その上、コカ栽培の仕事は、従来の農業より収入は良いものの、かろうじて必需品を得させるにすぎません。

家族を充分に養うことができず、彼らは欲求不満に陥ります。軍隊に追跡され、自堕落な軍人の腐敗や気紛れな暴力の犠牲となり、周辺に君臨する犯罪人たちのあらゆる悪習や詐欺や怪しげな取引の罠に陥りやすいのです。その上彼らは稼いだわずかの金を、近所のバーで酒を飲んで使い果たし、自分の不幸な運命をしばし紛らわします。

しかしこれらの若者はゲリラに徴集されると、自分の不幸が解決されたとも感じます。なぜなら彼らは一生、食事を与えられ、着るものを与えられ、住居を与えられるからです。部隊では昇進があるので、職業についたと感じることができます。それに彼らは銃を担いでいるので、界隈で、つまり仲間の前で、一定の尊敬される地位を誇れることになります。貧困な生活においてはゲリラになることは、一種の社会的成功なのです。

しかし彼らは自由を失います。彼らはもはやけしてＦＡＲＣを去ることも、二度と家族に会うこともできません。そして知らず知らずのうちに、彼らを不条理な戦争の砲弾の餌食にして絶対に手放そうとしない組織の奴隷となるのです。

ＦＡＲＣ軍の本隊をなす１万５０００人ほどのこれら若者は、もし我々の社会が彼らに真の成功の道を与えていたならば、この部隊に来ることはなかったでしょう。我々の社会において価値が転倒していなかったなら、物を得たいという欲求が存在のための決定的要素でなかったならば、彼らはそこに来ることはなかったでしょう。

我々の社会は大勢のゲリラをコロンビアに、狂信家をイラクに、テロリストをアフガニスタンに、過激派をイランに、生み出しつつあります。我々の社会は人間の魂を打ち砕いて、組織の廃棄物のように遺棄します。嫌われる移民たち、邪魔にされる失業者たち、麻薬患者、ミュール[3]、戦争孤児、貧しい人々、病気の人々。我々の社会に場所をもたないすべての人たち。

――（中略）――

これらのことから我々を守ってくれるものは何か？　我々の中で、世界において、人権の侵害にたいして我々を保障するものは何か？　我々を守る最良の楯を我々は我々の精神性と我々の原則のうちに見出すことができると私は思います。しかし我々の闘いは言葉をもってなされなければなりません。言葉はもっとも優れた剣だからです。

世界での戦争を終結させるのには対話が不可欠であることを私が繰り返して止まないのはそのためです。その戦争がコロンビアの戦争であろうが、ダルフール、ジンバブエ、コンゴ民主主義共和国、あるいはソマリアで起こった戦争であろうが、解決法はいつも同じです。我々には「話す」ことが必要です。他者の言葉に耳が傾けられなくてはなりません。彼らは正しいからでも、あるいは間違っているからでもなく、彼らが正しい人だからでも、悪人だからでもなく、ただ我々は話すことによってのみ人命を救うことができるからです。

私は、私のうちに深く根差している確信を皆様に伝えたいのです。言葉ほど強いものはありません。言葉をもって我々は世界中に命を吹き込まなくてはなりません。人々の心に訴え、人々の行動を変えるために。我々は、魂の奥底から力を汲み取って、すべての人の名において話すことができるのです。我々の存在の深い淵から湧き出てくる言葉をもって我々は和平を実現し、すべての人の自由を保持することができるでしょう。言葉の力によって、我々は新しい文明、愛の文明の構築を開始することができるでしょう。

愛について語ることをお許しください。私は救出されて以来、不幸な兄弟たちのことを絶えず話しています。こんにちなお、獣のように木に繋がれている兄弟たちのことです。

皆様、彼らのいるところまで私と一緒に来てください。彼らは、青空を被う大木の下で、万力のよ

〔3〕主として女の麻薬運び屋。「親指ほどの大きさの袋に麻薬を詰め、それを大量に胃の中に飲み込んで外国に密輸するというとても危険な仕事……もし体内でその袋が破れてしまったら死んでしまう可能性がある。しかし一度運べば最大で５０００ドルの報酬がもらえる……映画、「そして、ひと粒のひかり」（*Maria, full of grace*, Joshua Marston 監督、2004）は……わずか17歳の少女が家族を養うために、ミュールの仕事をやり遂げてしまう……」藤木佳代子「麻薬の国—コロンビア」http://www.clb.law.mita.keio.ac.jp/izuokazemi/study/pdf/fujiki.pdf

うに彼らを締めつける植物に窒息させられ、名も知らぬ虫の絶え間ないうなりに圧倒されて、静寂な休養の権利さえ拒否され、彼らを休みなく追いまわして肉体に苦痛を与えるあらゆる種類の怪物に包囲されているのです。

今この時、彼らは我々の話を聞いているかもしれません。ラジオに耳を擦り付けて、彼らに彼らがまだ生きていることを気づかせる言葉、我々の言葉を、彼らは待っているのです。彼らの虐待者にとって彼らは、単なる物、交換物で、家畜以下の存在でしかありません。虐待者にとって彼らはつらい任務でしかなく、すぐに何かの得になるようなものでもありませんから、不満の恰好の的となるのです。

皆様の前で、彼ら一人ひとりの名前を挙げることをお許しください。彼らに敬意を捧げるため、しばしの時間を与えてください。なぜなら、ここから我々が彼らの名を呼ぶのを聞けば、彼らは心を高鳴らせながら、ジャングルの墓の底から「はい、私はここにいます！」と答えることでしょう。そうすれば我々は、彼らを繋ぎ止めている重い屈辱の鎖から、一瞬の間、彼らを解き放すことができるのです。

（1）アラン・ハラ
（2）シギフレド・ロヘス
（3）オスカー＝トゥリオ・リスカノ
（4）ルイス・メンディエタ

（イングリッド・ベタンクールは、こうして27人の人質の名前を一つひとつ読み上げた。[4]）

私はまた、アウン・サン・スー・チー女史、自らの命をかけて国民の自由を獲得しようとし、抗議の声に耳を傾けてもらうためにハンガーストライキを行った、あの優れた女性のことを考えます。彼女こそは、我々の言葉の支持を必要としている人です。

もちろん私は、もうひとりの同国人ギラド・シャリト[5]の苦しみを深く心に担っています。彼の家族は私の家族が苦しんだように苦しんでいます。救出を求めて、彼らはありとあらゆる扉を叩き、天地を揺り動かしました。しかし彼の個人的な運命は彼を超えて、彼がどうすることもできない政治的利害に巻き込まれています。

ギラド・シャリト、アウン・サン・スー・チー女史、ルイス・メンディエタ、アラン・ハラ。

この議場に響くこれらの名前は重い屈辱を背負っています。彼らが再び自由を取り戻さない限り、我々は皆、自分が幽閉されていると感じ続けることを彼らに知ってほしいと私は願います。

［4］　この半年後の２００９年2月、ＦＡＲＣはアラン・ハラ（元メタ州知事）、シギフレド・ロヘス（元パジェ・デル・カウカ州議会議員）と4人の兵士・警察官を無条件釈放した。

［5］　フランス国籍も持つイスラエル兵士 Guilad Shalit は２００６年6月ガザ地区でイスラム抵抗運動組織ハマースにより拉致され、ガザ地区の何処かに連れ去られた。

この議場から起こる拍手が、我々を隔てている距離を超えて彼らに我々の愛を、我々の力のあらん限りを、我々のエネルギーを伝えもたらしますように。我々の決意は確固としていることを彼らが知ってくれますように。彼ら皆が自由になるまでは、私たちが沈黙することはけしてなく、行動を止めることは絶対にないことを、彼らが確信してくれますように。

イングリッド・ベタンクール、ブリュッセルにて、２００８年10月８日

＊＊＊＊＊

大統領選の立候補者だった彼女は、「政治は歴史的な夢を現実に変えるための道具だと私は考える」とも、内戦と腐敗政治の悪循環を断ち切るためには「権力が必要である」とも語っていた。しかし同時に彼女はこうも言っていた。「言葉は我々の武器であり楯です。言葉はマジックな強い力をもっています。現在のコロンビアでは、言葉は意味を失ってしまい、誰も信じなくなっています。私は言葉に意味を取り戻したい。正義、真理といった価値を守りたい。コロンビアでは身内が行方不明になったまま何十年も、生きているのか死んでいるのかさえ知ることができないのです。家族の遺体を取り戻すことさえできず、埋葬ができません。埋葬や葬式は人間の心にとって大切なものです。真理への権利とはそういうものでもあります。」[6]

彼女の今までの「失敗」や「裏切られた経験」は彼女の、どんな人にも、たとえ政治上の敵にたいしても、その人たちが心のどこかにほんの少しでももっている希望へ語りかけて共に努力しようとする姿勢と意志を示している。その姿勢を彼女は自分で「素朴」とも「無邪気」とも呼んでいるが、この姿勢こそが、彼女の人を惹きつける力なのだ。彼女はこのような力を小さい時からもっていた。それが彼女のカリスマ性である。彼女は人の心の奥深くに語りかける。人の心の奥深くに信頼を置いているからであろう。客観的にそれが正しいか、正しくないか、有効か有効でないかを彼女はこの場合問わない。実在するものの確認や分析をするのではなく、彼女は、自分の欲しいこと、やりたいこと、実現したいことを語り、それとの関係において行動する。「理性が提出するさまざまな理屈に逆らって……非合理な思考にいつも従って……」。

ジャングルの中で人質は肉親の声に聞き入っている。「画像はなかったが、私は言葉を聞いていた」と彼女は語った。画像は初めから総合的で、実在のイリュージョンを与えるという特質をもち、推論的思考や不在、また思索が前提とする時間などには対立している。画像の氾濫する現代、「聴くこと」と「声」の重要性を語ることは注目に値する。

暴力が最後の限界まで行き着いた時、絶望が最後の限界まで行き着いた時初めて人は、別の状況において別の現実の芽が生まれ得ることを理解できるようになるのではないだろうか。世界が破壊の危

〔6〕 ベルギーテレビ RtbF の番組 Dites-moi, 2002. 2. 8.（拉致15日前のインタビュー）

険にさらされている事実を認識し、人間が冷酷であることを知ることが要求されるのならば、同時に、その冷酷な人間が「希望」を侵害することを禁じる必要もあるであろう。真の希望は、たやすい慰安から生まれるのではなく、もっとも恐ろしい認識からこそ生まれて来るのであろうから。

訳者あとがき

コロンビアから日本にはコーヒーが輸入されている。薔薇やカーネーションなどの切り花、それにフェロニッケル、エメラルドやエビも。それから、ガルシア＝マルケスの作品の邦訳は多いから読者も多いに違いない。今年は日本人のコロンビア移住80周年にあたる。

コロンビアはまた、50年来内戦状態にあり、激しい暴力と犯罪の国でもある。

コロンビアの人質解放運動に携わった人たちの多くは、最初はイングリッド・ベタンクールの政治家としての活動に共感をいだいた人たちであった。イングリッド・ベタンクールは２００１年、大統領選への立候補を発表する時期から、コロンビア以外の国で、著書やテレビ出演などを通じて人に知られるようになっていたのだ。

私も２００１年、フランスのあるテレビ番組でイングリッド・ベタンクールを知った。若く美しい女性だったが、その体にみなぎる緊張感は、彼女が命を賭けていることを示していた。その真摯な言葉には、彼女が自分の語ることを信じていることが、自国の不幸を一身に背負っていることが感じ取られた。そのような人を見るのはこんにち極めて稀である。人は普通、もはや、全身で語ることはない。そして饒舌はその場の効果のためでしかなくなっている。

その番組では、イングリッド・ベタンクールの娘との関係も紹介された。脅迫を受けたため幼い子供たちと離れて暮らしていた時期、イングリッド・ベタンクールは電子メールで子供たちと通信していたが、母の身を案ずる10歳の娘のメールに答えて若い母はこう答えている――死などたいしたことではありません。大切なのは愛です。私は何処にいようとも、たとえ死んでも、いつもあなたたちの傍に、あなたたちと一緒にいます。魂を鍛え、あらゆる事に具えて強くなってください――。このメールをカメラに示す母娘は愛情にあふれ、しかも慎みに充ちていた。恐ろしさや悲しさが大きければ大きいほど、その表現は抑制されたものになり、しかもより多くを語る。

子供に、人間には威厳というものがあることを示しうるのは、大人しかいない。人間が自分を超えた大きな力があることを知り、それにもかかわらず自分のやるべき事を行う時、威厳が生まれる。母は母の運命を、娘は娘の運命を引き受けている母と娘。そのような親と子のあいだに、大人と子供のあいだに、私は威厳ある愛を見たように思う。大人が子供に見せて恥ずかしくない姿を見たような気がする。それは私の勝手な思い入れだったかも知れない。しかし邂逅とはおよそ、そのようなものではないだろうか。双方が多少の真実を受け持つ。

しばらくして私は、イングリッド・ベタンクールがFARCに誘拐されたことを知った。

2005年、イングリッド・ベタンクール救助のための集会やデモ行進などがやっと、フランスのメディアを通じて一般の目に触れるようになった。すでにイングリッド・ベタンクールは3年半ジャングルに囚われていた。その頃、私は私の属している日仏女性資料センター（日仏女性研究学会）の会報のために、イングリッド・ベタンクールとその誘拐や救助運動についての小文を書いた。それは、世界世論に訴えようとしている救助運動に参加するため私にできる唯一のことであった。同会報の編集部はその小文を掲載してくれた。

２００７年秋、イングリッド・ベタンクール（およびその他のコロンビア人質）の救助運動は新しい局面を迎えた。そして、本書で示されているようないきさつを経て２００８年1月4日、『ママンへの手紙』が出版された。私はその日から日本の出版社探しを開始したが、当時日本ではコロンビアについての情報は極めて少なかった。イングリッド・ベタンクールを知る人はほとんどいなかった。編集者は私の提案を判断するための材料さえ得られなかったのではないだろうか。このような状況の理解のため、すでに１９９６年にコロンビアについて発せられていた次のようなチョムスキーの言葉を引用することを許していただきたい。

「コロンビアで絶え間なく続けられている恐ろしい犯罪は、人権グループや教会やその他の組織によって、そのもっとも忌むべき詳細に至るまで、定期的に報告されている。にもかかわらず、それらの事実がメディアで報道されることは稀である。支援委員会やいくつかのマージナルな出版を除けば、これらの事実は一般大衆の手に届かないところに置かれている。網の目を通り抜けて世に出る情報は、麻薬撲滅戦争の公のおとぎ話だけだ。それは、信頼しうる観察者や人権グループが激しく反駁する「自由なメディア」が荘厳に語るおとぎ話である。これがメディアの意図的な普段の行為であることは、このメディアが何千ページもの報告書を綿密に読んでいながら注意深く無視していることからも明らかである。ジャーナリストがたまたまそれら報告書に言及する事があるとすれば、それはその報告を軽蔑をもって反駁し、それを不満だとか繰り言だとか、「陰謀の理論」だとか「反アメリカ主義」などと呼んで、自分自身でものを考える危険を回避しつつ空想的で支離滅裂なお話を信じようとする人たちに、使い古された常套句を提供するためである。[1]」

２００８年３月になって、ラウル・レイスらＦＡＲＣの幹部が殺害され、フランスがＦＡＲＣと進めていた交渉が途絶えた。また、同年始めにＦＡＲＣが無条件釈放した人質の話から、イングリッド・ベタンクールが病気で生命が危ぶまれるという推測がなされた。この時フランスのサルコジ大統領はメディアを通じて大々的にＦＡＲＣへのメッセージを発し、医療施設付きの特別機をボゴタに派遣してＦＡＲＣとのコンタクトを回復しようとした。このニュースは日本の新聞にも小さな記事で報じられた。『ママンへの手紙』の出版を新曜社の塩浦社長が引き受けて下さったのはこのすぐ後である。

５月末にＦＡＲＣの40年来の神話的指導者マルランダの死亡が報じられたが、このすぐ後から日本でもコロンビアやイングリッド・ベタンクールに関するニュースが増えていった。私が日本語ウィキペディアにイングリッド・ベタンクールの項を見たのはこの頃だったと思う。そして７月２日、イングリッド・ベタンクールはじめアメリカ人３人を含む15人の人質がコロンビア軍により救出されたが、このニュースは日本でも大きく報道された。この時にはしたがって、『手紙』翻訳の計画はすでに決定していた。

政治家イングリッド・ベタンクールを語る場合、当然、コロンビアの政治を語らざるを得ない。だが政治上の出来事の真実は把握しがたい。進行中のそれであれ、すでに行われたことであれ、真に起こった事を知るのはほとんど不可能だからだ。事件の中心にいる者がそれを知っている訳ではない。中心にいるがゆえに把握できない場合も多い。たとえばイングリッド・ベタンクールはじめ15人の人質を救出したコロンビア軍の作戦は、武力を用いないで成功した完全な救出作戦だと言われていたが、今では、ＦＡＲＣ内部の協力者に２０００万ドルが支払われ、アメリカ軍の援助も受けていたと確言さえされている[2]。コロンビア軍は国際赤十字の名をかたって作戦を行ったことを非難されて謝罪している。また、その作戦の2、3日前に、スイスとフランスの密使がコロンビア政府の認可のもと、ＦＡＲＣとのコンタクトを求めてジャングルの奥深くに入っていったが、その直後に、コロンビア政府はテレビでＦＡＲＣとの和平交渉が進んでいるというニュースを大々的に流した。ＦＡＲＣ兵士もジャングルの中でテレビを見ている。このニュースは、コロンビア軍による国際赤十字やＮＧＯ団体を

［1］ Chomsky :《Résponsabilité des intellectuels》, *Power and Prospects, Reflections on Humans Nature and the Social Order*, 1996 の部分仏訳。
［2］ 6年間フランスのサルコジ大統領の密使としてイングリッド・ベタンクール解放のためＦＡＲＣとの仲介をとっていたNoël Saez 氏のインタビュー：Le Figaro 紙 2009. 3. 10.

装った救助作戦の下地づくりであった。このメディア戦略のため、FARC兵士は白く塗られたヘリコプターの飛来と国際赤十字の大きなロゴを身に付けた工作員を信じたのである。しかしこのメディア作戦は同時に、人質解放を実現するべくたった2人きりでFARCと話をするためジャングルに入っていった密使たちを死の危険に晒していたのだ。もしコロンビア軍の作戦の存在をFARCが知ったならば、2人の密使は殺されていただろう。[3] フランスのサルコジ大統領も当然、この作戦についてはかやの外に置かれていた。

本書解説が語る政治的な事柄は、もとより私が参照しえた限られた資料によるものであるが、その上に、アクチュアルな政治的事実の評価はイデオロギーは言うに及ばず、観点の違い、立場の違い、判断の時点の違いなどなどにより変わりうると考える私見に基づいている。私は始めから客観的な観点を除外して本書解説を試みた。

私は本書翻訳が決まってから、Libertad 委員会世界連盟会長のアルマン・ビュルゲ氏と連絡をとり、多くの事を教えていただいた。運動の象徴的中心地ラルバンク村の「自然の未来フェスティヴァル」での連盟の会合にも出席し、イングリッド・ベタンクールと同連盟の会合にも呼んでいただいた。本書に訳出した彼女のヨーロッパ議会での講演テクストは、私の希望に応じて氏が直ちに送って下さったものである。現在私は、世界連盟の日本連絡係という誉れ高いタイトルを会長より授けられている。

イングリッド・ベタンクールが誘拐された時一緒にいたアダイール・ランプレア氏は、現在パリに住んでいる。氏はイングリッド・ベタンクールの誘拐直後、コロンビア警察に嘘の証言をするよう強要されて拒否したため脅迫状を受け取り、パリに逃れた。私はランプレア氏に会ったが、約束の日の前夜に突然、イングリッド・ベタンクール解放のニュースが報じられたのである。翌日、私は待ちぼうけを食わされた。電話のむこうで氏は寝ぼけ声で、一晩中ジャーナリストたちと話していたと言い、嬉しくてたまらない様子だった。

私はコロンビアに関する日本の資料や研究を参照できなかった。そのような私に大きな助けとなったのは、インターネットで偶然見つけた益岡賢氏の「益岡賢のページ」である。益岡氏は２００２年頃からコロンビアに関する、主としてアメリカのインターネット情報「Colombia Journal」の記事を日本語に訳して発表し、Colombia Journal 同様、マス・メディアの間隙をうめておられる。私は氏のページで多くの記事を読み、コロンビアについての情報を得ることができた。そして多く引用させていただいた。ただ、文脈上分かりやすくするためにどうしても必要と思われた場合は、訳文を変更した。もちろん訳文をそのまま引用している場合もある。注では煩雑を避けるため、すべて「益岡賢のページ」と表記し、記事の日本語題名を併記した。ここでお礼を申し上げると共に、ご了承を乞いたい。

［3］ スイスのテレビ局ＴＳＲの番組 Temps Présent のドキュメンタリー「罠に落ちたスイス外交官」2009. 2. 5.

イングリッド・ベタンクールの誘拐直後にコロンビア人質救助のための運動を始めた人の多くがそうであったように、私もコロンビアについてまったく無知であった。伊高浩昭氏の著書『コロンビア内戦：ゲリラと麻薬と殺戮と』から私はコロンビアについての基本的な知識を学ぶ事ができた。とくに日本人には想像しにくいコロンビアの「無法地帯」や「FARC支配地域」についての伊高氏の説明は、私にとって重要であった。「イングリッド・ベタンクール事件」は彼女の救助に携わった人々の多くにとって必然的に、コロンビアの発見、世界の認識に通じていた。かくてイングリッド・ベタンクールは、コロンビアの抱える問題を世界の人々に訴えるという彼女の当初の目的を達成したという事ができよう。

イングリッド・ベタンクールは２００８年末、自分の人質生活について思索し執筆するために、以後公には姿を現さないと宣言して１年間の隠遁生活に入った。他方２００９年３月現在、FARCが擁している「交換可能な」人質は軍兵士と警察官22人となった――２００６年以来33人のFARC人質が釈放ないし救助されている――。これら22人の人質と政府の監獄に捉えられている５００人のFARC兵士との「交換」のための人道的調停が求められている。政府の、軍隊の、準軍組織の、FARCの、殺人や暴力が次々に市民組織や国際組織によって告発されている。そしてコロンビアでは現在、「平和」がかつてなかったほどに近いと感じられるようになったという。

本書成立に関しては様々な人のお世話になった。本書出版を引き受けて下さった新曜社の塩浦暲社長、パリでイングリッド・ベタンクールらコロンビア人質の救助運動の様子を見て私のプランを支持し、塩浦社長に口添えをしてくださった日仏女性研究学会代表の中嶋公子氏、私の無数の初歩的な質問に厭な顔もせずに答えてくださったLibertad委員会世界連盟会長アルマン・ビュルゲ氏、さらに本書発案の段階から最後までつきあってよき相談相手になってくれ、様々な助言を与えてくださったジャーナリスト岩瀬達哉氏に、心からお礼申し上げます。

２００９年４月パリ

三好信子

著者紹介

イングリッド・ベタンクール（1961—）

コロンビアの女性政治家（フランス国籍も持つ，二児の母）。コロンビアの上院議員として，腐敗政治改革のため身の危険を顧みず闘った。2002年，大統領選に立候補中，コロンビア革命軍（FARC）によって拉致され，以後6年4ヶ月アマゾンのジャングルに人質として捕らえられていた。官民両サイドでの強力な国際的救助運動が行われ，2008年7月，救助された。解放後はフランスを拠点に，世界の苦しむ人々を助けるための「イングリッド・ベタンクール基金」を創設した。

著書：『それでも私は腐敗と闘う』（草思社，2002）。

訳・解説者紹介

三好信子

明治大学文学部卒業。フランス政府給費留学生として，パリ第VII大学修士取得。現在フランスに居住。日仏女性資料センター（日仏女性研究学会）会員。

訳書：『パリ1750——子供集団誘拐事件の謎』（新曜社，1996）

『ル・シネマ——映画の歴史と理論』（新曜社，2002）

新曜社

ママンへの手紙

コロンビアのジャングルに囚われて

初版第1刷発行　2009年7月10日©

著　者　イングリッド・ベタンクール
メラニー・デロワ－ベタンクール
ロレンソ・デロワ－ベタンクール

訳・解説者　三好信子

発行者　塩浦　暲

発行所　株式会社　新曜社
〒101-0051 東京都千代田区神田神保町2-10
電　話(03)3264-4973・FAX(03)3239-2958
e-mail　info@shin-yo-sha.co.jp
URL　http://www.shin-yo-sha.co.jp/

印刷　星野精版印刷　Printed in Japan
製本　難波製本
ISBN978-4-7885-1168-2 C1098